Hábitos para ahorrar dinero

Libro de Superación Personal en Español para Administrar las Finanzas

Rosa Castillo

Copyright © 2024 Rosa Castillo
Todos los derechos reservados.

DEDICATORIA

Este libro está dedicado a todos aquellos que han sentido alguna vez que su voz se perdía entre las sombras. A quienes han luchado por recuperar su poder y su lugar en el mundo. Que estas páginas sirvan como luz para encontrar Tu camino hacia la autonomía y la libertad personal.

"Adoptar hábitos inteligentes de ahorro no solo fortalece tus finanzas, sino que también te prepara para un futuro lleno de oportunidades y seguridad económica."

Tabla De Contenido

DEDICATORIA	**3**
Introducción	**1**
El Camino hacia la Libertad Financiera.	1
La Importancia de los Hábitos Financieros	1
Cómo Utilizar este Libro	3
Lee con Intención:	3
Aplica lo que Aprendas:.	3
Haz un Seguimiento de tu Progreso:	4
Reflexiona y Ajusta:	4
Busca Apoyo y Motivación:	5
Mantén una Mentalidad Positiva:	5
Revisita y Revisa:	6
Qué Encontrarás en este Libro	6
Evaluando tu Situación Financiera Actual:.	6
Estableciendo Metas Financieras Claras:	7
Creando un Presupuesto Efectivo:	7
Estrategias de Ahorro Inteligentes:	7
Construyendo un Fondo de Emergencia Sólido:	8
Eliminando y Evitando Deudas:	8
Introducción a las Inversiones:.	8
Inversiones para Principiantes:.	9
Maximizar el Retorno de tus Inversiones:	9
Hábitos Financieros Saludables:	9
Planificación para el Futuro:.	9
Educación Financiera Continua:	10
Historias de Éxito e Inspiración:	10
Recursos Adicionales y Herramientas Prácticas:	10
Conclusión: Avanzando Hacia la Libertad Financiera:. . .	11
Capítulo 1: Evaluando tu Situación Financiera Actual	**12**
Cómo Realizar una Auditoría Financiera Personal	13
Reúne Toda tu Información Financiera	13

Lista tus Activos 14
Identifica tus Pasivos 14
Calcula tu Patrimonio Neto 15
Analiza tus Ingresos 15
Registra tus Gastos. 16
Identificar Ingresos y Gastos. 16
Categoriza tus Gastos. 17
Prioriza tus Gastos 17
Busca Áreas de Mejora 18
Establece un Presupuesto 18
Conclusión del Capítulo 19

Capítulo 2: Estableciendo Metas Financieras Claras 22

La Importancia de Tener Metas 23
Las metas financieras te ayudan a: 24
Mantener el Enfoque:. 24
Medir el Progreso:. 24
Motivación:. 24
Tomar Decisiones Informadas:. 25
Reducir el Estrés Financiero: 25
Cómo Definir y Priorizar tus Objetivos Financieros. . . . 25
Identifica tus Metas Financieras: 25
Establece Metas SMART: 26
Prioriza tus Metas: 27
Desglosa tus Metas en Pasos Más Pequeños: 28
Crea un Plan de Acción: 28
Mantén la Flexibilidad: 29
Busca Apoyo:. 29
Motívate con Recompensas: 30
Conclusión del Capítulo 30
Herramientas y Técnicas para Mantenerte en el Camino. . 31
Utiliza Aplicaciones de Presupuesto: 31
Establece un Fondo de Emergencia: 32
Automatiza tus Ahorros: 32
Revisa tu Presupuesto Regularmente: 33
Implementa el Método del Sobre: 33
Mantén un Registro de Gastos:. 33
Evita Gastos Impulsivos: 34

Busca Ofertas y Descuentos:. 34
Educa a tu Familia:. 35
Celebra tus Logros:. 35

Capítulo 4: Estrategias de Ahorro Inteligentes   38

Técnicas para Reducir Gastos sin Sacrificar Calidad de Vida 39
Planifica tus Compras: 39
Compra a Granel: 40
Utiliza Cupones y Descuentos:. 40
Aprovecha las Ventas y Liquidaciones: 41
Reduce el Consumo de Energía: 41
Revisa tus Suscripciones: 42
Hazlo Tú Mismo (DIY):. 42
Transportación Alternativa: 42
Cocina en Casa:. 43
Negocia Precios y Tarifas: 43
Hábitos Diarios que Fomentan el Ahorro 44
Rastrea tus Gastos:. 44
Evita Compras Impulsivas: 44
Establece Metas de Ahorro: 45
Usa Dinero en Efectivo:. 45
Practica el Minimalismo: 45
Ahorra Automáticamente: 46
Mantén un Fondo de Cambio: 46
Educa a tu Familia:. 46
Haz un Uso Inteligente de las Tarjetas de Crédito: 47
Evalúa tus Necesidades y Deseos: 47
Conclusión del Capítulo 47

Capítulo 5: Construyendo un Fondo de Emergencia Sólido   50

Por qué Necesitas un Fondo de Emergencia 51
Protección Contra Imprevistos: 51
Reducción del Estrés Financiero:. 52
Prevención de Deudas: 52
Flexibilidad y Seguridad: 52
Estabilidad Familiar:. 53
Pasos para Establecer y Mantener tu Fondo de Emergencia 53
Determina el Monto Necesario: 53

Analiza tus Gastos Mensuales: 54
Abre una Cuenta Separada: 54
Establece Objetivos de Ahorro: 54
Automatiza tus Ahorros: 55
Reduce Gastos y Encuentra Fuentes Adicionales de Ingresos: 55
Prioriza tu Fondo de Emergencia: 56
Revisa y Ajusta Regularmente: 56
Usa tu Fondo de Emergencia Solo para Emergencias: . . . 56
Conclusión del Capítulo 57

Capítulo 6: Eliminando y Evitando Deudas   60

Estrategias para Pagar Deudas Rápidamente. 61
Prioriza tus Deudas: 62
Haz Pagos Adicionales Siempre que Sea Posible: 63
Considera Consolidar tus Deudas: 63
Negocia Tasas de Interés Más Bajas: 64
Crea un Presupuesto Estricto: 64
Evita Nuevas Deudas: 64
Cómo Evitar Caer en Ciclos de Endeudamiento 65
Construye un Fondo de Emergencia: 65
Crea y Sigue un Presupuesto: 65
Establece Metas Financieras Claras: 66
Usa el Crédito con Responsabilidad: 66
Evita Gastos Impulsivos: 66
Educa a tu Familia sobre Finanzas: 67
Monitorea tu Crédito: 67
Planea para el Futuro: 67
Busca Asesoría Financiera si es Necesario: 68
Mantén una Mentalidad de Ahorro: 68
Conclusión del Capítulo 68

Capítulo 7: Introducción a las Inversiones   70

Principios Básicos de Inversión 71
Diversificación: 71
Riesgo y Retorno: 72
Horizonte Temporal: 72
Interés Compuesto: 72
Revisión y Ajuste: 73
Diferentes Tipos de Inversiones y Cómo Elegir la Adecuada 73

Acciones: 73
Bonos: 74
Fondos Mutuos: 74
Fondos Cotizados en Bolsa (ETF): 75
Bienes Raíces: 75
Certificados de Depósito (CD): 76
Criptomonedas: 76
Metales Preciosos: 77
Cómo Elegir la Inversión Adecuada para Ti 77
Define tus Objetivos Financieros: 78
Evalúa tu Tolerancia al Riesgo: 78
Considera tu Horizonte Temporal: 78
Diversifica tu Portafolio: 79
Infórmate y Educa: 79
Consulta con un Asesor Financiero: 79
Conclusión del Capítulo 80

Capítulo 8: Inversiones para Principiantes 82

Cómo Empezar a Invertir 83
Establece tus Objetivos Financieros: 83
Crea un Fondo de Emergencia: 84
Conoce tu Tolerancia al Riesgo: 84
Elige un Tipo de Cuenta de Inversión: 84
Selecciona una Plataforma de Inversión: 85
Empieza con Fondos Mutuos o ETFs: 85
Automatiza tus Inversiones: 86
Invierte en Conocimiento: 86
Herramientas y Recursos para Inversores Novatos 86
Aplicaciones de Inversión: 87
Simuladores de Inversión: 87
Educación en Línea: 88
Libros sobre Inversión: 88
Asesores Robo: 89
Comunidades de Inversión: 89
Podcasts y Videos: 89
Estrategias de Inversión para Principiantes 90
Inversión en Índices: 90
Dólar-Costo Promedio: 90
Reinversión de Dividendos: 91

Diversificación: 91
Mantén una Perspectiva a Largo Plazo: 91
Conclusión del Capítulo 92

Capítulo 9: Maximizar el Retorno de tus Inversiones 94

Estrategias Avanzadas de Inversión. 95
Inversión en Dividendos: 95
Fondos de Cobertura (Hedge Funds): 96
Inversiones Internacionales: 96
Fondos de Capital Privado (Private Equity): 97
Inversiones en Bienes Raíces Comerciales: 98
Inversiones en Tecnologías Emergentes: 98
Estrategias de Inversión Activa: 99
Cómo Diversificar tu Portafolio 99
Distribución entre Diferentes Clases de Activos: 100
Diversificación Sectorial: 100
Diversificación Geográfica: 101
Utiliza Fondos Indexados y ETFs: 101
Incluye Inversiones Alternativas: 101
Ajusta Regularmente tu Portafolio: 102
Estrategias de Cobertura (Hedging): 102
Conclusión del Capítulo 102

Capítulo 10: Hábitos Financieros Saludables 104

Rutinas Diarias y Mensuales para Mantener tus Finanzas en Orden 105
Rutinas Diarias 106
Registra tus Gastos: 106
Revisa tus Cuentas Bancarias: 106
Evita Gastos Impulsivos: 107
Practica la Gratitud Financiera: 107
Rutinas Mensuales 107
Establece y Revisa tu Presupuesto: 107
Paga tus Facturas a Tiempo: 108
Evalúa tus Metas Financieras: 108
Revisa tus Inversiones: 108
Ajusta tus Seguros: 109
Evalúa tus Suscripciones: 109

Planifica tus Compras Grandes: 109
Cómo Desarrollar una Mentalidad de Riqueza 110
Cambia tu Perspectiva sobre el Dinero: 110
Invierte en Educación Financiera: 110
Rodéate de Personas con Mentalidad Positiva: 111
Establece Metas Claras y Realistas: 111
Practica la Disciplina Financiera:. 112
Visualiza tu Éxito Financiero: 112
Celebra tus Logros:. 112
Aprende de tus Errores:. 113
Mantén una Actitud de Gratitud:. 113
Conclusión del Capítulo 114

Capítulo 11: Planificación para el Futuro　　116

Ahorro para la Jubilación 117
Comienza Temprano:. 117
Aprovecha los Planes de Jubilación Patrocinados por el Empleador: 118
Abre una Cuenta Individual de Retiro (IRA): 118
Diversifica tus Inversiones: 119
Incrementa tus Ahorros con el Tiempo:. 119
Mantén los Gastos Bajos: 119
Revisa y Ajusta Regularmente:. 120
Planifica para la Longevidad: 120
Planificación Financiera a Largo Plazo 120
Establece Metas Financieras Claras: 121
Crea un Plan de Ahorro: 121
Invierte en Educación y Desarrollo Profesional: 121
Gestión de Deudas: 122
Diversificación de Ingresos: 122
Protege tu Patrimonio: 123
Planificación Sucesoria:. 123
Planificación Fiscal: 123
Construye y Mantén un Fondo de Emergencia: 124
Revisa y Ajusta tu Plan Regularmente: 124
Conclusión del Capítulo 124

Capítulo 12: Educación Financiera Continua　　126

La Importancia de Seguir Aprendiendo sobre Finanzas . . 127

- Adaptarse a los Cambios del Mercado: 127
- Mejorar la Toma de Decisiones: 128
- Prevenir Fraudes y Estafas: 128
- Optimizar tus Inversiones: 128
- Planificación para el Futuro: 129
- Mejora del Bienestar Financiero: 129
- Recursos Recomendados para Profundizar tus Conocimientos 130
- Libros sobre Finanzas 130
- "El Inversor Inteligente" de Benjamin Graham: 130
- "Padre Rico, Padre Pobre" de Robert Kiyosaki: 130
- "Un Paseo Aleatorio por Wall Street" de Burton G. Malkiel: 131
- Cursos en Línea 131
- Coursera: 131
- Udemy: 131
- Khan Academy: 132
- Podcasts 132
- "The Dave Ramsey Show": 132
- "BiggerPockets Money": 132
- "The Motley Fool": 133
- Blogs y Sitios Web 133
- Investopedia: 133
- NerdWallet: 133
- The Balance: 134
- Asesores Financieros 134
- Consultores Financieros: 134
- Robo-Advisors: 134
- Seminarios y Talleres 135
- Seminarios en Línea: 135
- Talleres Locales: 135
- Conclusión del Capítulo 135

Capítulo 13: Historias de Éxito e Inspiración   138

- Testimonios de Personas que Han Transformado sus Finanzas 139
- Historia 1: La Transformación de Ana 139
- Estrategias Utilizadas: 139
- Resultados: 140
- Lecciones Aprendidas: 140

Historia 2: El Éxito Inversor de Carlos 141
Estrategias Utilizadas: 141
Resultados: 142
Lecciones Aprendidas: 142
Historia 3: La Aventura Empresarial de Luisa 142
Estrategias Utilizadas: 143
Resultados: 143
Lecciones Aprendidas: 143
Historia 4: La Recuperación Financiera de Juan y Marta. . 144
Estrategias Utilizadas: 144
Resultados: 145
Lecciones Aprendidas: 145
Historia 5: El Cambio de Mentalidad de Elena 145
Estrategias Utilizadas: 146
Resultados: 146
Lecciones Aprendidas: 146
Conclusión del Capítulo 147

Capítulo 14: Recursos Adicionales y Herramientas Prácticas   148

Hojas de Trabajo y Listas de Verificación 149
Hoja de Trabajo para el Presupuesto Mensual 149
Ingresos: 150
Total de Ingresos: 150
Gastos Fijos: 150
Total de Gastos Fijos: 150
Gastos Variables: 150
Total de Gastos Variables: 151
Ahorros e Inversiones: 151
Inversiones 151
Total de Ahorros e Inversiones: 151
Balance: 151
Lista de Verificación para la Planificación Financiera . . . 152
Presupuesto: 152
Ahorros: 152
Deudas: 152
Inversiones: 153
Seguros: 153
Planificación de la Jubilación: 153

Documentos Financieros: 153
Plantillas para el Presupuesto y el Ahorro 154
Cómo Utilizar Estas Herramientas 156
Consistencia: 156
Revisión y Ajuste: 156
Automatización: 157
Educación Continua: 157
Evaluación Regular: 157
Conclusión del Capítulo 158
Conclusión: Avanzando Hacia la Libertad Financiera . . . 159
Resumen de los Puntos Clave 159
Evaluación de tu Situación Financiera 159
Puntos Clave: 160
Establecimiento de Metas Financieras Claras 160
Puntos Clave: 160
Creación de un Presupuesto Efectivo 161
Puntos Clave: 161
Estrategias de Ahorro Inteligentes 161
Puntos Clave: 162
Construcción de un Fondo de Emergencia 162
Puntos Clave: 162
Eliminación y Evitación de Deudas. 163
Puntos Clave: 163
Introducción a las Inversiones 163
Puntos Clave: 164
Inversiones para Principiantes 164
Puntos Clave: 164
Maximizar el Retorno de tus Inversiones 165
Puntos Clave: 165
Hábitos Financieros Saludables 165
Puntos Clave: 166
Planificación para el Futuro 166
Puntos Clave: 166
Educación Financiera Continua 167
Puntos Clave: 167
Historias de Éxito e Inspiración 167
Puntos Clave: 168
Motivación para Seguir Adelante. 168
Visualiza tu Futuro: 168
Celebra tus Logros: 169

Busca Apoyo: 169
Aprende de los Desafíos: 169
Mantén una Mentalidad Positiva: 169
Revisa y Ajusta Regularmente:. 170
Conclusión Final 170

Introducción

El Camino hacia la Libertad Financiera

Imagina vivir en un estado constante de tranquilidad financiera, donde tus ahorros crecen día a día y tu dinero trabaja para ti. Este libro, "Hábitos para Ahorrar Dinero," es tu guía definitiva para transformar tu relación con el dinero y establecer hábitos sólidos que te permitirán multiplicar tus ingresos y alcanzar la libertad financiera.

La Importancia de los Hábitos Financieros

La libertad financiera no es un destino que se alcanza de la noche a la mañana; es un proceso continuo que requiere disciplina, planificación y, sobre todo, hábitos financieros sólidos. Los hábitos son las acciones que repetimos constantemente, y cuando se trata de finanzas, los hábitos pueden ser la diferencia entre vivir de sueldo en sueldo y disfrutar de una vida de abundancia y seguridad económica.

¿Por qué son tan importantes los hábitos financieros? Porque nuestro comportamiento diario con el dinero determina nuestra estabilidad y éxito a largo plazo. Las decisiones que tomas cada día, por pequeñas que sean, se suman para formar tus resultados financieros. Por ejemplo, el hábito de ahorrar una pequeña cantidad de dinero regularmente puede llevarte a acumular un fondo de emergencia significativo con el tiempo. Por otro lado, el hábito de gastar impulsivamente puede llevarte a acumular deudas que se vuelven difíciles de manejar.

En este libro, aprenderás a identificar y desarrollar los hábitos financieros que te llevarán al éxito. Ya sea que estés buscando salir de deudas, ahorrar para una gran compra, o simplemente tener más tranquilidad financiera, los principios que se presentan aquí te ayudarán a lograrlo. Estos hábitos no solo se aplican a tus finanzas personales, sino que también pueden transformar tu mentalidad y comportamiento en otras áreas de tu vida.

Uno de los mayores obstáculos para alcanzar la libertad financiera es la falta de educación y conciencia sobre nuestras finanzas. Muchas personas no tienen una comprensión clara de cómo funcionan sus ingresos y gastos, o de cómo hacer que su dinero trabaje para ellas en lugar de trabajar continuamente por dinero. Este libro tiene como objetivo llenar ese vacío de conocimiento y proporcionarte las herramientas que necesitas para tomar el control de tu situación financiera.

Cómo Utilizar este Libro

"Hábitos para Ahorrar Dinero" está diseñado para ser una guía práctica y accesible que puedes utilizar para transformar tu vida financiera paso a paso. A lo largo de sus capítulos, encontrarás consejos prácticos, estrategias comprobadas y ejercicios interactivos que te ayudarán a aplicar lo que aprendas.

Aquí tienes una guía de cómo puedes aprovechar al máximo este libro:

Lee con Intención:

Dedica tiempo a leer cada capítulo con la intención de comprender y absorber la información. No se trata solo de leer, sino de internalizar los conceptos y reflexionar sobre cómo se aplican a tu situación personal. Tómate tu tiempo, subraya las partes que te resuenen y toma notas.

Aplica lo que Aprendas:

Después de leer cada capítulo, es crucial que pongas en práctica lo que has aprendido. Cada sección incluye ejercicios prácticos y pasos de acción que puedes seguir para implementar los hábitos financieros en tu vida. No te limites a leer los consejos; haz un esfuerzo consciente por aplicarlos. Por ejemplo, si el capítulo trata sobre crear un presupuesto, siéntate y crea tu propio presupuesto utilizando las plantillas proporcionadas.

Haz un Seguimiento de tu Progreso:

La evaluación y el seguimiento son partes esenciales de cualquier proceso de mejora. Utiliza las hojas de trabajo y listas de verificación incluidas en el libro para monitorear tu progreso. Establece metas claras y mide regularmente tu avance hacia ellas. Esto no solo te mantendrá motivado, sino que también te permitirá ajustar tus estrategias según sea necesario.

Reflexiona y Ajusta:

A medida que avances en tu camino hacia la libertad financiera, tómate el tiempo para reflexionar sobre lo que has aprendido y cómo te has sentido durante el proceso. La reflexión te ayudará a identificar qué hábitos están funcionando bien y cuáles necesitan ajustes. No tengas miedo de hacer cambios; la flexibilidad es clave para el éxito a largo plazo.

Busca Apoyo y Motivación:

Aunque este libro está diseñado para ser una guía completa, no estás solo en tu camino hacia la libertad financiera. Busca apoyo en tu red de amigos y familiares, o considera unirte a comunidades en línea de personas con objetivos financieros similares. Compartir tus experiencias y aprender de los demás puede proporcionarte la motivación adicional que necesitas para seguir adelante.

Mantén una Mentalidad Positiva:

La mentalidad es un componente crítico del éxito financiero. Mantén una actitud positiva y cree en tu capacidad para alcanzar tus metas. Este libro está lleno de testimonios inspiradores de personas que han transformado sus finanzas siguiendo los principios y hábitos que aprenderás aquí. Deja que sus historias te motiven y te demuestren que tú también puedes lograrlo.

Revisita y Revisa:

La información y las estrategias que se presentan en este libro son atemporales y aplicables en diversas etapas de tu vida. No dudes en revisitar los capítulos y revisar tus notas a medida que cambian tus circunstancias y metas financieras. La repetición y la revisión continua son claves para consolidar los hábitos y mantener tu progreso.

Qué Encontrarás en este Libro

Este libro está organizado de manera que cada capítulo te lleve paso a paso a través de diferentes aspectos esenciales para el ahorro y la gestión financiera efectiva. A continuación, se presenta un resumen de lo que encontrarás en cada sección:

Evaluando tu Situación Financiera Actual:

Antes de poder mejorar, necesitas saber dónde te encuentras. Este capítulo te enseñará a realizar una auditoría financiera personal y a identificar tus ingresos y gastos.

Estableciendo Metas Financieras Claras:

La claridad en tus objetivos es fundamental para el éxito. Aprenderás a definir y priorizar tus metas financieras para mantenerte enfocado y motivado.

Creando un Presupuesto Efectivo:

Un buen presupuesto es la base de unas finanzas saludables. Descubrirás los fundamentos de un presupuesto efectivo y las herramientas necesarias para mantenerte en el camino correcto.

Estrategias de Ahorro Inteligentes:

Ahorrar dinero no tiene que ser doloroso. Este capítulo te proporcionará técnicas para reducir gastos sin sacrificar tu calidad de vida y hábitos diarios que fomentan el ahorro.

Construyendo un Fondo de Emergencia Sólido:

Un fondo de emergencia es tu red de seguridad financiera. Aprenderás por qué es importante y cómo establecer y mantener tu propio fondo de emergencia.

Eliminando y Evitando Deudas:

La deuda puede ser una carga pesada, pero es posible manejarla y evitarla. Descubrirás estrategias para pagar deudas rápidamente y cómo evitar caer en ciclos de endeudamiento.

Introducción a las Inversiones:

Invertir es clave para hacer crecer tu dinero. Este capítulo te introducirá a los principios básicos de inversión y a diferentes tipos de inversiones para que elijas la adecuada para ti.

Inversiones para Principiantes:

Si eres nuevo en el mundo de las inversiones, este capítulo es para ti. Aprenderás cómo empezar a invertir y qué herramientas y recursos necesitas.

Maximizar el Retorno de tus Inversiones:

Una vez que empieces a invertir, querrás maximizar tus rendimientos. Descubre estrategias avanzadas de inversión y cómo diversificar tu portafolio.

Hábitos Financieros Saludables:

Mantener tus finanzas en orden requiere rutinas diarias y mensuales. Este capítulo te ayudará a desarrollar una mentalidad de riqueza y hábitos financieros saludables.

Planificación para el Futuro:

La planificación a largo plazo es esencial para la seguridad financiera. Aprenderás sobre el ahorro para la jubilación y la planificación financiera a largo plazo.

Educación Financiera Continua:

La educación financiera no se detiene nunca. Este capítulo te proporcionará recursos recomendados para seguir aprendiendo sobre finanzas.

Historias de Éxito e Inspiración:

Leer sobre los éxitos de otros puede ser increíblemente motivador. Este capítulo incluye testimonios de personas que han transformado sus finanzas y las lecciones que han aprendido.

Recursos Adicionales y Herramientas Prácticas:

Para ayudarte a implementar lo aprendido, encontrarás hojas de trabajo, listas de verificación y plantillas para el presupuesto y el ahorro.

Conclusión: Avanzando Hacia la Libertad Financiera:

Este capítulo final resume los puntos clave del libro y te motiva a seguir adelante en tu camino hacia la libertad financiera.

Este libro está diseñado para ser tu compañero en cada paso del camino. Cada capítulo te proporcionará los conocimientos y las herramientas que necesitas para mejorar tu situación financiera y alcanzar la tranquilidad y la libertad económica que mereces. Recuerda, cada gran cambio comienza con un pequeño paso, y al leer este libro, ya has dado el primero.

Capítulo 1: Evaluando tu Situación Financiera Actual

Antes de poder mejorar tu situación financiera, es crucial que sepas exactamente dónde te encuentras en este momento. Evaluar tu situación financiera actual es el primer paso hacia la creación de un plan de ahorro efectivo y personalizado. Este capítulo te guiará a través del proceso de realizar una auditoría financiera personal y te enseñará a identificar tus ingresos y gastos. Al final de este capítulo, tendrás una comprensión clara de tu punto de partida, lo que te permitirá tomar decisiones informadas y estratégicas para mejorar tu bienestar financiero.

Cómo Realizar una Auditoría Financiera Personal

Realizar una auditoría financiera personal puede sonar intimidante, pero en realidad es un proceso sencillo y muy revelador. Aquí te presento una guía paso a paso para llevar a cabo tu propia auditoría financiera:

Reúne Toda tu Información Financiera

Lo primero que necesitas hacer es reunir todos tus documentos financieros. Esto incluye extractos bancarios, estados de cuenta de tarjetas de crédito, facturas, recibos de sueldo y cualquier otra documentación relacionada con tus finanzas. Tener toda esta información a mano te permitirá obtener una visión completa y precisa de tu situación financiera. Un consejo útil es organizar estos documentos en carpetas físicas o digitales para facilitar el acceso y la revisión.

Lista tus Activos

Tus activos son todo aquello que posees y que tiene valor. Incluye en esta lista tus cuentas bancarias, inversiones, propiedades, vehículos y cualquier otro activo significativo. No olvides incluir los pequeños activos, como joyas o equipos electrónicos, que también contribuyen a tu patrimonio neto. Es importante ser detallado y honesto en esta lista, ya que conocer el valor total de tus activos te dará una mejor perspectiva de tu situación financiera.

Identifica tus Pasivos

Los pasivos son tus deudas y obligaciones financieras. Anota todas tus deudas, incluyendo préstamos, hipotecas, saldos de tarjetas de crédito y cualquier otra obligación financiera. Asegúrate de incluir tanto el monto total de cada deuda como las tasas de interés correspondientes. Al igual que con los activos, es crucial ser completo y preciso en esta lista. Comprender tus pasivos es fundamental para gestionar tus finanzas de manera efectiva y planificar la reducción de deudas.

Calcula tu Patrimonio Neto

Una vez que hayas listado todos tus activos y pasivos, es hora de calcular tu patrimonio neto. Resta el total de tus pasivos del total de tus activos. El resultado es tu patrimonio neto, que representa tu salud financiera actual. Si tu patrimonio neto es positivo, estás en una buena posición. Si es negativo, no te preocupes; este libro te ayudará a mejorar tu situación. El patrimonio neto es un indicador importante de tu estabilidad financiera y te permitirá establecer metas realistas para mejorar tu economía personal.

Analiza tus Ingresos

Haz una lista detallada de todos tus ingresos mensuales. Esto incluye tu salario, ingresos por inversiones, alquileres, pensiones y cualquier otra fuente de ingresos. Tener un registro claro de tus ingresos te permitirá planificar mejor tus gastos y ahorros. Es útil dividir tus ingresos en categorías para entender mejor de dónde proviene tu dinero y cómo puedes optimizar tus fuentes de ingresos.

Registra tus Gastos

Durante al menos un mes, lleva un registro detallado de todos tus gastos. Esto incluye tanto los gastos fijos (como alquiler, hipoteca y servicios públicos) como los gastos variables (como alimentos, entretenimiento y compras impulsivas). Esta práctica te ayudará a identificar patrones de gasto y áreas donde puedes recortar. Utilizar aplicaciones de finanzas personales o una hoja de cálculo puede facilitar este proceso y proporcionar una visión clara de tus hábitos de gasto.

Identificar Ingresos y Gastos

Una vez que hayas realizado tu auditoría financiera, el siguiente paso es identificar tus ingresos y gastos con mayor detalle. Aquí te explico cómo hacerlo:

Categoriza tus Gastos

Divide tus gastos en categorías como vivienda, transporte, alimentos, entretenimiento, salud, etc. Esto te permitirá ver claramente en qué áreas estás gastando más y dónde podrías ahorrar. Cada categoría debe reflejar una parte significativa de tu vida financiera, y te ayudará a visualizar cómo se distribuye tu dinero. Identificar las áreas de gasto es fundamental para comprender tus hábitos financieros y detectar posibles fugas de dinero.

Prioriza tus Gastos

No todos los gastos son igualmente importantes. Prioriza tus gastos en función de su importancia y necesidad. Los gastos esenciales, como vivienda y alimentos, deben tener prioridad sobre los gastos discrecionales, como entretenimiento y compras de lujo. Esta priorización te ayudará a hacer recortes inteligentes sin afectar tu calidad de vida. Comprender la diferencia entre necesidades y deseos es crucial para tomar decisiones financieras acertadas.

Busca Áreas de Mejora

Revisa cada categoría de gasto y busca oportunidades para reducir gastos. ¿Puedes renegociar algún contrato de servicios? ¿Puedes encontrar alternativas más económicas para algunos productos? ¿Puedes eliminar gastos innecesarios? Este paso requiere creatividad y disposición para hacer cambios, pero es esencial para mejorar tu situación financiera. Considera alternativas como cocinar en casa en lugar de comer fuera, usar el transporte público o revisar tus suscripciones mensuales.

Establece un Presupuesto

Basándote en tus ingresos y gastos, establece un presupuesto mensual. Asegúrate de asignar una parte de tus ingresos al ahorro y a la inversión. Un presupuesto bien planificado es fundamental para mantener tus finanzas bajo control y alcanzar tus metas financieras. El presupuesto es tu hoja de ruta financiera, y te ayudará a tomar decisiones informadas sobre cómo gastar y ahorrar tu dinero. Asegúrate de revisar y ajustar tu presupuesto regularmente para mantenerlo actualizado y realista.

Conclusión del Capítulo

Evaluar tu situación financiera actual es un paso fundamental para mejorar tu bienestar económico. Al realizar una auditoría financiera personal y identificar claramente tus ingresos y gastos, estarás en una mejor posición para tomar decisiones informadas y estratégicas. Recuerda que el conocimiento es poder; cuanto más sepas sobre tu situación financiera, mejor podrás gestionarla y optimizarla.

Este capítulo te ha proporcionado las herramientas necesarias para evaluar tu punto de partida. A medida que avances en este libro, seguirás aprendiendo estrategias y técnicas para ahorrar dinero, invertir de manera inteligente y establecer hábitos financieros saludables. Mantente enfocado y motivado, y recuerda que cada pequeño paso que tomes te acercará a la tranquilidad financiera y a la libertad económica que deseas.

Para concluir, es importante recordar que la evaluación financiera no es un proceso único; debe ser un hábito regular. Revisa tu situación financiera cada pocos meses para asegurarte de que estás en el camino correcto y para hacer los ajustes necesarios. Esta práctica continua te permitirá adaptarte a los cambios en tus circunstancias y mantener un control firme sobre tu economía personal.

Adicionalmente, considera buscar el apoyo de un asesor financiero si sientes que necesitas orientación adicional. Un profesional puede ofrecerte una perspectiva experta y ayudarte a desarrollar un plan financiero más detallado y efectivo. Sin embargo, con las herramientas y el conocimiento que adquirirás en este libro, estarás bien equipado para tomar el control de tu situación financiera por tu cuenta.

En resumen, conocer tu punto de partida es esencial para cualquier progreso significativo. Este capítulo te ha ayudado a establecer una base sólida desde la cual puedes construir una vida financiera más saludable y próspera. A medida que continúas con los próximos capítulos, mantén en mente los principios y prácticas que has aprendido aquí, y estarás bien encaminado hacia alcanzar tus metas financieras.

"Definir y priorizar tus metas financieras es esencial para construir un futuro económico sólido. Una vez que sabes hacia dónde te diriges, cada paso que tomes te acercará a tus sueños financieros."

Capítulo 2: Estableciendo Metas Financieras Claras

Una vez que hayas evaluado tu situación financiera actual, el siguiente paso crucial en tu camino hacia la libertad financiera es establecer metas claras y alcanzables. Las metas financieras proporcionan dirección y propósito, dándote una razón para ahorrar, invertir y gestionar tu dinero de manera eficiente. Sin metas claras, es fácil perderse en el día a día y no progresar hacia un futuro financiero seguro.

La Importancia de Tener Metas

¿Por qué son tan importantes las metas financieras? Las metas no solo te motivan, sino que también te dan una visión clara de lo que quieres lograr. Te permiten establecer un rumbo y medir tu progreso. Sin metas, tu plan financiero carece de dirección, y es probable que tomes decisiones financieras impulsivas o poco informadas.

Las metas financieras te ayudan a:

Mantener el Enfoque:

Con metas claras, sabes exactamente hacia dónde te diriges. Esto te ayuda a mantener el enfoque y a evitar desviarte con gastos innecesarios.

Medir el Progreso:

Las metas te permiten rastrear tu progreso. Puedes ver qué tan lejos has llegado y cuánto más necesitas para alcanzar tus objetivos.

Motivación:

Tener metas te proporciona una fuente constante de motivación. Cada vez que alcanzas una meta, te sientes realizado y motivado para seguir adelante.

Tomar Decisiones Informadas:

Con metas claras, puedes tomar decisiones financieras que te acerquen a tus objetivos, en lugar de tomar decisiones impulsivas que podrían obstaculizar tu progreso.

Reducir el Estrés Financiero:

Saber que tienes un plan y que estás trabajando hacia metas específicas puede reducir significativamente el estrés relacionado con el dinero.

Cómo Definir y Priorizar tus Objetivos Financieros

Establecer metas financieras es un proceso que requiere reflexión y planificación. Aquí te presento una guía para definir y priorizar tus objetivos financieros:

Identifica tus Metas Financieras:

El primer paso es identificar cuáles son tus metas financieras. Estas pueden variar ampliamente dependiendo de tus circunstancias y aspiraciones personales. Algunas metas comunes incluyen:

- Pagar deudas
- Ahorrar para un fondo de emergencia
- Comprar una casa
- Ahorrar para la educación de tus hijos
- Planificar la jubilación
- Invertir en un negocio

Tómate el tiempo para pensar en lo que es más importante para ti y escribe todas las metas que te gustaría alcanzar.

Establece Metas SMART:

Las metas SMART son específicas, medibles, alcanzables, relevantes y con un tiempo determinado. Este enfoque te ayuda a establecer metas claras y alcanzables. Veamos cada componente de las metas SMART:

Específicas: Tu meta debe ser clara y específica. Por ejemplo, en lugar de decir "quiero ahorrar dinero", di "quiero ahorrar $10,000 para el próximo año".

Medibles: Debes poder medir tu progreso. Esto significa que tu meta debe incluir una cantidad específica y un plazo. Por ejemplo, "quiero ahorrar $500 al mes durante los próximos

20 meses".

Alcanzables: Asegúrate de que tu meta sea realista. Considera tus ingresos, gastos y capacidad de ahorro. Establecer metas inalcanzables puede llevar a la frustración y al desánimo.

Relevantes: Tu meta debe ser relevante para tu vida y tus aspiraciones. Pregúntate por qué esta meta es importante para ti y cómo mejorará tu vida financiera.

Tiempo Determinado: Establece un plazo para alcanzar tu meta. Esto te ayudará a mantenerte enfocado y a trabajar consistentemente hacia tu objetivo.

Prioriza tus Metas:

No todas las metas son igualmente urgentes o importantes. Necesitas priorizar tus metas en función de tus necesidades y circunstancias. Aquí tienes algunos consejos para priorizar tus metas:

- O Urgencia: Algunas metas pueden ser más urgentes que otras. Por ejemplo, establecer un fondo de emergencia puede ser más urgente que ahorrar para unas vacaciones.

Impacto: Considera el impacto de cada meta en tu vida. Pagar una deuda de alto interés puede tener un impacto mayor y más positivo en tu situación financiera que otras metas.

Plazos: Algunas metas pueden tener plazos más cortos y otras más largos. Equilibra tus esfuerzos entre metas a corto plazo y metas a largo plazo.

Desglosa tus Metas en Pasos Más Pequeños:

Las metas grandes pueden parecer abrumadoras. Desglosa cada meta en pasos más pequeños y manejables. Esto no solo hace que las metas sean más alcanzables, sino que también te permite celebrar pequeños éxitos en el camino.

Crea un Plan de Acción:

Una vez que hayas establecido y priorizado tus metas, es hora de crear un plan de acción. Un buen plan de acción incluye:

Pasos Específicos: Enumera los pasos específicos que necesitas tomar para alcanzar cada meta.

Plazos: Establece plazos para cada paso. Esto te ayudará a

mantener el impulso y a asegurarte de que estás avanzando constantemente hacia tu objetivo.

Recursos Necesarios: Identifica los recursos que necesitas, ya sean financieros, educativos o de otro tipo.

Seguimiento y Revisión: Establece un sistema para hacer un seguimiento de tu progreso y revisar tus metas regularmente. Esto te permitirá hacer ajustes según sea necesario y mantenerte en el buen camino.

Mantén la Flexibilidad:

Aunque es importante tener un plan, también debes ser flexible. La vida puede presentar desafíos inesperados que te obliguen a ajustar tus metas. Mantén una mentalidad abierta y dispuesta a adaptarte a las circunstancias cambiantes.

Busca Apoyo:

No tienes que hacerlo solo. Busca apoyo en tu familia, amigos o incluso en un asesor financiero. Compartir tus metas y progresos con alguien puede proporcionarte motivación adicional y perspectivas útiles.

Motívate con Recompensas:

A medida que alcanzas tus metas, recompénsate por tus logros. Las recompensas pueden ser pequeñas, como una cena especial, o más significativas, como unas vacaciones. Las recompensas te ayudarán a mantenerte motivado y comprometido con tus objetivos.

Conclusión del Capítulo

Establecer metas financieras claras es un paso fundamental para tomar el control de tus finanzas y trabajar hacia un futuro más seguro y próspero. Las metas te proporcionan dirección, motivación y una manera de medir tu progreso. Al definir y priorizar tus metas, puedes crear un plan de acción efectivo que te ayude a alcanzar tus objetivos financieros.

Recuerda que el proceso de establecer metas no es una tarea de una sola vez. Debes revisar y ajustar tus metas regularmente para asegurarte de que sigan siendo relevantes y alcanzables. A medida que tus circunstancias cambian, tus metas también pueden necesitar cambiar.

Este capítulo te ha proporcionado las herramientas y estrategias necesarias para definir y priorizar tus metas financieras. A medida que avances en este libro, seguirás aprendiendo técnicas y hábitos que te ayudarán a alcanzar estas metas y mejorar tu bienestar financiero.

Mantén el enfoque, sé persistente y recuerda que cada pequeño paso que tomes te acerca a la realización de tus sueños financieros. Con metas claras y un plan de acción bien definido, estás bien encaminado hacia la libertad financiera.

Herramientas y Técnicas para Mantenerte en el Camino

Ahora que comprendes los fundamentos de un buen presupuesto, es importante explorar las herramientas y técnicas que te ayudarán a mantenerte en el camino. Aquí tienes algunas estrategias útiles:

Utiliza Aplicaciones de Presupuesto:

Las aplicaciones de presupuesto pueden simplificar significativamente la gestión de tus finanzas. Aplicaciones como Mint, YNAB (You Need a Budget) y PocketGuard te permiten rastrear tus ingresos y gastos, categorizar tus gastos y recibir alertas cuando te acercas a tus límites presupuestarios. Estas aplicaciones también pueden proporcionar informes y análisis que te ayuden a entender mejor tus hábitos de gasto y a identificar áreas de mejora.

Establece un Fondo de Emergencia:

Un fondo de emergencia es una reserva de dinero destinada a cubrir gastos imprevistos, como reparaciones del automóvil, facturas médicas o pérdida de empleo. Tener un fondo de emergencia te proporciona una red de seguridad financiera y te ayuda a evitar endeudarte en caso de emergencias. Idealmente, tu fondo de emergencia debería cubrir de tres a seis meses de gastos esenciales.

Automatiza tus Ahorros:

Automatizar tus ahorros es una de las formas más efectivas de asegurarte de que estás ahorrando regularmente. Configura transferencias automáticas desde tu cuenta corriente a tu cuenta de ahorros o inversión. Esto te ayuda a ahorrar dinero sin tener que pensarlo y reduce la tentación de gastar esos fondos.

Revisa tu Presupuesto Regularmente:

Revisar tu presupuesto regularmente es esencial para mantenerlo efectivo. Dedica tiempo cada mes para revisar tus ingresos, gastos y progreso hacia tus metas financieras. Ajusta tu presupuesto según sea necesario para reflejar cambios en tus circunstancias y asegurar que estás en el buen camino.

Implementa el Método del Sobre:

El método del sobre es una técnica tradicional que puede ayudarte a controlar tus gastos variables. Asigna una cantidad específica de dinero a cada categoría de gasto variable y colócala en un sobre etiquetado. Una vez que el dinero del sobre se haya agotado, no puedes gastar más en esa categoría hasta el próximo mes. Este método te ayuda a ser más consciente de tus gastos y a evitar el gasto excesivo.

Mantén un Registro de Gastos:

Llevar un registro de gastos te permite ver a dónde va tu dinero y te ayuda a identificar patrones de gasto. Puedes hacerlo utilizando una hoja de cálculo, una aplicación de finanzas personales o incluso un cuaderno. Anota todos tus gastos, por pequeños que sean, para obtener una imagen completa de tus hábitos financieros.

Evita Gastos Impulsivos:

Los gastos impulsivos pueden descarrilar rápidamente tu presupuesto. Antes de hacer una compra, tómate un momento para considerar si realmente necesitas el artículo y si se ajusta a tu presupuesto. Esperar 24 horas antes de realizar una compra puede ayudarte a tomar decisiones más racionales y a evitar gastos innecesarios.

Busca Ofertas y Descuentos:

Aprovechar ofertas y descuentos es una excelente manera de reducir tus gastos. Antes de realizar una compra, investiga si hay promociones, cupones o descuentos disponibles. También puedes considerar comprar artículos de segunda mano o en liquidación para ahorrar dinero.

Educa a tu Familia:

Si compartes tus finanzas con tu familia, es importante que todos estén en la misma página. Educa a tu pareja y a tus hijos sobre la importancia de seguir el presupuesto y trabajar juntos hacia las metas financieras comunes. La comunicación abierta y la colaboración pueden hacer que la gestión del presupuesto sea más efectiva y menos estresante.

Celebra tus Logros:

Reconocer y celebrar tus logros financieros es crucial para mantenerte motivado. Cada vez que alcances una meta o logres mantenerte dentro de tu presupuesto durante un mes, date una pequeña recompensa. Celebrar tus éxitos te recuerda que estás progresando y te motiva a seguir adelante.

Crear y mantener un presupuesto efectivo es fundamental para lograr la libertad financiera y alcanzar tus metas económicas. Al entender los fundamentos de un buen presupuesto y utilizar herramientas y técnicas para mantenerte en el camino, puedes tomar el control de tus finanzas y trabajar hacia un futuro más seguro y próspero.

Recuerda que un presupuesto no es un documento estático; es una herramienta dinámica que debe ajustarse y optimizarse continuamente para reflejar tus circunstancias cambiantes. La clave del éxito financiero es la consistencia y la disciplina. Mantén el enfoque, sé flexible y ajusta tu presupuesto según sea necesario para asegurarte de que siempre estás progresando hacia tus metas.

Este capítulo te ha proporcionado las bases para crear un presupuesto efectivo y las estrategias para mantenerlo. A medida que avances en este libro, seguirás aprendiendo técnicas y hábitos que te ayudarán a optimizar tus finanzas y a vivir una vida financiera más saludable y equilibrada.

"Ahorra sin sacrificar tu calidad de vida. Implementar estrategias inteligentes de ahorro te permitirá disfrutar del presente mientras construyes un futuro financiero seguro."

Capítulo 4: Estrategias de Ahorro Inteligentes

Ahorrar dinero no significa vivir una vida de privaciones. De hecho, con las estrategias adecuadas, puedes reducir tus gastos significativamente sin sacrificar tu calidad de vida. Este capítulo te proporcionará técnicas prácticas y efectivas para reducir tus gastos y hábitos diarios que fomentan el ahorro. Implementar estas estrategias te permitirá alcanzar tus metas financieras más rápidamente y disfrutar de una mayor seguridad económica.

Técnicas para Reducir Gastos sin Sacrificar Calidad de Vida

Reducir gastos puede parecer una tarea desalentadora, especialmente si ya sientes que tu presupuesto es ajustado. Sin embargo, hay muchas maneras de recortar gastos sin que tu vida se vea afectada negativamente. Aquí tienes algunas técnicas prácticas:

Planifica tus Compras:

La planificación es clave para evitar gastos innecesarios. Antes de salir de compras, haz una lista de lo que realmente necesitas. Esto te ayudará a evitar compras impulsivas y a centrarte en lo esencial. Además, planificar tus comidas y comprar en función de un menú semanal puede reducir considerablemente los costos de alimentos.

Compra a Granel:

Comprar a granel puede ser una excelente manera de ahorrar dinero en artículos de uso diario como alimentos no perecederos, productos de limpieza y artículos de higiene personal. Busca tiendas que ofrezcan descuentos por compras en grandes cantidades y aprovecha las ofertas para abastecerte.

Utiliza Cupones y Descuentos:

Los cupones y descuentos pueden ayudarte a ahorrar una cantidad significativa de dinero. Dedica un tiempo cada semana a buscar cupones en línea y en periódicos, y úsalos para comprar artículos que ya planeabas adquirir. Además, muchas tiendas ofrecen programas de fidelidad que te permiten acumular puntos o recibir descuentos adicionales.

Aprovecha las Ventas y Liquidaciones:

Las ventas y liquidaciones son oportunidades ideales para comprar productos a precios reducidos. Espera a las rebajas de temporada para adquirir ropa, electrodomésticos y otros artículos costosos. También puedes buscar tiendas de segunda mano o de liquidación que ofrezcan productos en buen estado a precios mucho más bajos.

Reduce el Consumo de Energía:

Ahorrar energía no solo es bueno para el medio ambiente, sino que también puede reducir tus facturas mensuales. Apaga las luces y los electrodomésticos cuando no los estés usando, utiliza bombillas de bajo consumo y ajusta el termostato para ahorrar en calefacción y refrigeración. Considera la posibilidad de invertir en electrodomésticos energéticamente eficientes que consuman menos electricidad.

Revisa tus Suscripciones:

Las suscripciones mensuales a servicios como gimnasios, plataformas de streaming y revistas pueden acumularse rápidamente. Revisa todas tus suscripciones y cancela las que no uses regularmente. Busca alternativas gratuitas o de menor costo para entretenimiento y otras necesidades.

Hazlo Tú Mismo (DIY):

Hacer las cosas tú mismo puede ser una forma divertida y gratificante de ahorrar dinero. Desde reparaciones en el hogar hasta proyectos de bricolaje, aprender nuevas habilidades te permitirá reducir costos en servicios y productos. Además, puedes hacer regalos personalizados y decoraciones para el hogar que tengan un valor sentimental y sean más económicos.

Transportación Alternativa:

Los costos de transporte pueden representar una parte significativa de tu presupuesto. Considera alternativas más económicas como el transporte público, el ciclismo o compartir el automóvil con compañeros de trabajo. Si es posible, caminar no solo ahorra dinero, sino que también es beneficioso para tu salud.

Cocina en Casa:

Comer fuera puede ser caro, especialmente si lo haces con frecuencia. Cocinar en casa no solo es más económico, sino que también te permite controlar los ingredientes y las porciones, promoviendo una alimentación más saludable. Planifica tus comidas, prepara almuerzos para llevar al trabajo y organiza cenas en casa en lugar de salir a restaurantes.

Negocia Precios y Tarifas:

No tengas miedo de negociar precios y tarifas. Muchas veces, los proveedores de servicios como internet, telefonía y seguros están dispuestos a ofrecer descuentos para retener a sus clientes. Llama y pregunta por promociones o descuentos especiales y compara precios con otros proveedores.

Hábitos Diarios que Fomentan el Ahorro

Además de las técnicas mencionadas, establecer hábitos diarios que fomenten el ahorro puede tener un impacto significativo en tus finanzas a largo plazo. Aquí tienes algunos hábitos que puedes adoptar:

Rastrea tus Gastos:

Llevar un registro diario de tus gastos te ayudará a mantener el control sobre tu dinero. Anota cada compra, por pequeña que sea, y revisa tus registros regularmente para identificar patrones de gasto y áreas donde puedes recortar.

Evita Compras Impulsivas:

Las compras impulsivas son una de las mayores amenazas para tu presupuesto. Antes de realizar una compra, pregúntate si realmente necesitas el artículo y si puedes permitirte gastar ese dinero. Esperar 24 horas antes de comprar algo puede ayudarte a tomar decisiones más racionales.

Establece Metas de Ahorro:

Tener metas de ahorro claras te motivará a ser más consciente de tus gastos diarios. Define metas específicas y alcanzables, como ahorrar para unas vacaciones, un fondo de emergencia o una compra importante, y mantén un seguimiento de tu progreso.

Usa Dinero en Efectivo:

Pagar en efectivo en lugar de usar tarjetas de crédito puede ayudarte a ser más consciente de tus gastos. Cuando usas efectivo, sientes el impacto inmediato de cada compra, lo que puede disuadirte de gastar en cosas innecesarias.

Practica el Minimalismo:

El minimalismo es un enfoque que se centra en poseer menos cosas y valorar más las experiencias y la calidad de vida. Adoptar un estilo de vida minimalista puede ayudarte a reducir los gastos y a enfocarte en lo que realmente es importante para ti.

Ahorra Automáticamente:

Configura transferencias automáticas desde tu cuenta corriente a tu cuenta de ahorros cada vez que recibas tu salario. Este hábito te ayudará a ahorrar dinero de manera consistente sin tener que pensarlo.

Mantén un Fondo de Cambio:

Coloca un frasco o una caja en casa para guardar el cambio suelto. Al final del mes, deposita este dinero en tu cuenta de ahorros. Aunque pueda parecer poco, con el tiempo, estas pequeñas cantidades se suman.

Educa a tu Familia:

Involucra a tu familia en el proceso de ahorro. Enséñales la importancia de ser conscientes de los gastos y trabajar juntos para alcanzar las metas financieras. Los niños, en particular, pueden beneficiarse de aprender buenos hábitos financieros desde una edad temprana.

Haz un Uso Inteligente de las Tarjetas de Crédito:

Las tarjetas de crédito pueden ser útiles, pero es crucial usarlas de manera responsable. Paga el saldo completo cada mes para evitar intereses y utiliza las tarjetas solo para compras que ya has presupuestado.

Evalúa tus Necesidades y Deseos:

Diferenciar entre necesidades y deseos es fundamental para mantener el control de tus finanzas. Antes de hacer una compra, pregúntate si es algo que realmente necesitas o si es solo un deseo momentáneo.

Conclusión del Capítulo

O Implementar estrategias de ahorro inteligentes y adoptar hábitos diarios que fomenten el ahorro puede transformar tu situación financiera sin sacrificar tu calidad de vida. Recuerda que el objetivo no es privarte de cosas que disfrutas, sino encontrar maneras más eficientes y conscientes de gestionar tu dinero.

O A medida que incorpores estas técnicas y hábitos en

tu rutina diaria, notarás cómo tu capacidad de ahorro aumenta y te sentirás más seguro financieramente. Estos cambios no solo beneficiarán tu bolsillo, sino que también te proporcionarán una mayor tranquilidad y libertad para disfrutar de la vida sin preocupaciones económicas.

Este capítulo te ha proporcionado herramientas prácticas y estrategias para reducir tus gastos y fomentar el ahorro. A medida que continúes avanzando en este libro, seguirás descubriendo técnicas y hábitos que te ayudarán a optimizar tus finanzas y alcanzar tus metas financieras.

O Mantén la motivación y el enfoque, y recuerda que cada pequeño esfuerzo cuenta. Con consistencia y determinación, puedes lograr una vida financiera más saludable y próspera.

"Un fondo de emergencia sólido es tu red de seguridad financiera. Con él, estarás preparado para enfrentar cualquier imprevisto sin comprometer tu estabilidad económica."

Capítulo 5: Construyendo un Fondo de Emergencia Sólido

Uno de los componentes más importantes de una gestión financiera saludable es tener un fondo de emergencia sólido. Un fondo de emergencia actúa como una red de seguridad financiera que te protege de imprevistos y te permite enfrentar situaciones difíciles sin caer en deudas. En este capítulo, exploraremos por qué necesitas un fondo de emergencia y te proporcionaremos pasos prácticos para establecer y mantener este fondo vital.

Por qué Necesitas un Fondo de Emergencia

Imagina que tu automóvil se descompone, pierdes tu trabajo de repente o necesitas hacer frente a una emergencia médica. Estas situaciones pueden ser estresantes y, sin un fondo de emergencia, pueden poner en peligro tu estabilidad financiera. Aquí tienes algunas razones clave por las que es esencial contar con un fondo de emergencia:

Protección Contra Imprevistos:

La vida está llena de sorpresas, algunas de las cuales pueden ser costosas. Un fondo de emergencia te proporciona una barrera financiera contra estos imprevistos, permitiéndote manejarlos sin endeudarte.

Reducción del Estrés Financiero:

Saber que tienes un fondo de emergencia te brinda tranquilidad. No tendrás que preocuparte constantemente por cómo vas a manejar una emergencia financiera, lo que reduce significativamente el estrés.

Prevención de Deudas:

Sin un fondo de emergencia, es probable que recurras a tarjetas de crédito o préstamos para cubrir gastos imprevistos. Esto puede llevar a una espiral de deudas difíciles de manejar. Un fondo de emergencia te permite pagar estos gastos de inmediato y evitar intereses y cargos adicionales.

Flexibilidad y Seguridad:

Un fondo de emergencia te da la flexibilidad para tomar decisiones financieras más seguras. Por ejemplo, si te enfrentas a la pérdida de empleo, tendrás el tiempo y los recursos necesarios para buscar un nuevo trabajo sin la presión inmediata de las facturas pendientes.

Estabilidad Familiar:

Si tienes una familia, un fondo de emergencia es aún más crucial. Te asegura que puedes cuidar de tus seres queridos en tiempos difíciles, manteniendo la estabilidad del hogar.

Pasos para Establecer y Mantener tu Fondo de Emergencia

Establecer y mantener un fondo de emergencia requiere disciplina y planificación. Aquí tienes una guía paso a paso para crear un fondo de emergencia sólido:

Determina el Monto Necesario:

La cantidad que necesitas en tu fondo de emergencia puede variar según tu situación personal. Una regla general es ahorrar entre tres a seis meses de gastos básicos. Si tienes dependientes o un empleo menos seguro, considera aumentar esta cantidad a nueve o doce meses de gastos.

Analiza tus Gastos Mensuales:

Para determinar cuánto necesitas ahorrar, comienza por analizar tus gastos mensuales. Incluye todos los gastos esenciales como vivienda, alimentos, servicios públicos, transporte y seguros. Este análisis te dará una idea clara de cuánto debes tener en tu fondo de emergencia para cubrir tus necesidades básicas.

Abre una Cuenta Separada:

Mantén tu fondo de emergencia en una cuenta separada de tus cuentas diarias. Esto te ayudará a evitar la tentación de usar estos fondos para gastos no esenciales. Considera una cuenta de ahorros de fácil acceso que ofrezca un buen rendimiento de intereses.

Establece Objetivos de Ahorro:

Divide tu objetivo de ahorro en metas más pequeñas y alcanzables. Por ejemplo, si necesitas ahorrar $12,000, establece una meta inicial de $1,000, luego $3,000, y así sucesivamente. Esto hará que el proceso de ahorro sea menos abrumador y te permitirá celebrar pequeños logros a lo largo del camino.

Automatiza tus Ahorros:

Configura transferencias automáticas desde tu cuenta corriente a tu cuenta de ahorro para emergencias. Automatizar tus ahorros asegura que estás contribuyendo regularmente a tu fondo de emergencia sin tener que pensar en ello. Esto también reduce la tentación de gastar el dinero en otras cosas.

Reduce Gastos y Encuentra Fuentes Adicionales de Ingresos:

Para acelerar el crecimiento de tu fondo de emergencia, busca maneras de reducir tus gastos y aumentar tus ingresos. Revisa tu presupuesto para identificar áreas donde puedes recortar gastos. Considera trabajos a tiempo parcial, vender artículos que no necesites o buscar oportunidades de ingresos adicionales.

Prioriza tu Fondo de Emergencia:

Haz del ahorro para tu fondo de emergencia una prioridad financiera. Antes de hacer grandes compras o inversiones, asegúrate de que tu fondo de emergencia esté completamente financiado. Esto te proporciona una base sólida sobre la cual puedes construir otros aspectos de tu vida financiera.

Revisa y Ajusta Regularmente:

La vida cambia, y tus necesidades financieras pueden cambiar también. Revisa tu fondo de emergencia regularmente para asegurarte de que sigue siendo adecuado para tu situación actual. Si tus gastos aumentan o tu situación laboral cambia, ajusta tu fondo de emergencia en consecuencia.

Usa tu Fondo de Emergencia Solo para Emergencias:

Es fundamental usar tu fondo de emergencia únicamente para situaciones verdaderamente imprevistas y necesarias. Gastos planificados, como vacaciones o mejoras en el hogar, deben ser cubiertos por otros ahorros o presupuestos.

Mantén tu fondo de emergencia intacto para garantizar que esté disponible cuando realmente lo necesites.

Reconstituye tu Fondo de Emergencia Después de Usarlo:

Si necesitas utilizar tu fondo de emergencia, haz de su reconstitución una prioridad. Ajusta tu presupuesto temporalmente para destinar fondos adicionales al ahorro hasta que tu fondo de emergencia esté nuevamente completo. Esto asegura que siempre estarás preparado para futuras emergencias.

Conclusión del Capítulo

Construir un fondo de emergencia sólido es un paso esencial para alcanzar la estabilidad y seguridad financiera. Un fondo de emergencia te protege contra imprevistos, reduce el estrés financiero y te ayuda a evitar deudas. Siguiendo los pasos descritos en este capítulo, puedes establecer y mantener un fondo de emergencia que te proporcionará la tranquilidad y la flexibilidad necesarias para manejar cualquier situación inesperada.

Recuerda que la clave para un fondo de emergencia exitoso es la consistencia y la disciplina. Hacer del ahorro una prioridad y automatizar tus ahorros te ayudará a alcanzar tu meta más rápidamente. Además, revisa y ajusta tu fondo de emergencia regularmente para asegurarte de que siempre está alineado con tus necesidades actuales.

Este capítulo te ha proporcionado las herramientas y estrategias necesarias para crear un fondo de emergencia sólido. A medida que continúes avanzando en este libro, seguirás aprendiendo técnicas y hábitos que te ayudarán a optimizar tus finanzas y alcanzar tus metas financieras. Mantén el enfoque y la motivación, y recuerda que cada pequeño paso que tomes te acerca a una vida financiera más saludable y segura.

"El camino hacia la libertad financiera comienza con la eliminación de deudas. Al evitarlas y gestionarlas adecuadamente, abres la puerta a nuevas oportunidades y estabilidad económica."

Capítulo 6: Eliminando y Evitando Deudas

Las deudas pueden ser una carga significativa que limita tu libertad financiera y genera mucho estrés. Aprender a manejar y eliminar tus deudas es esencial para alcanzar la estabilidad financiera. En este capítulo, exploraremos estrategias efectivas para pagar deudas rápidamente y te proporcionaremos consejos para evitar caer en ciclos de endeudamiento en el futuro.

Estrategias para Pagar Deudas Rápidamente

Pagar deudas rápidamente requiere un plan claro y una fuerte dosis de disciplina. Aquí tienes algunas estrategias efectivas que te ayudarán a liberarte de las deudas más rápido:

O   Haz una Lista de Todas tus Deudas:

Comienza por hacer una lista de todas tus deudas. Incluye el monto total adeudado, la tasa de interés y el pago mínimo mensual de cada deuda. Tener una visión completa de tus deudas te permitirá priorizarlas y desarrollar un plan de pago efectivo.

Prioriza tus Deudas:

Existen dos enfoques populares para priorizar el pago de deudas: el método de la bola de nieve y el método de la avalancha.

Método de la Bola de Nieve: En este enfoque, primero pagas la deuda más pequeña mientras realizas los pagos mínimos en las demás. Una vez que la deuda más pequeña está pagada, diriges esos fondos hacia la siguiente deuda más pequeña, y así sucesivamente. Este método puede generar un impulso psicológico positivo al proporcionarte victorias rápidas.

Método de la Avalancha: Con este método, te enfocas en pagar primero la deuda con la tasa de interés más alta, mientras realizas los pagos mínimos en las demás. Una vez que la deuda con la tasa de interés más alta está pagada, diriges esos fondos hacia la siguiente deuda con la tasa de interés más alta. Este enfoque puede ahorrarte más dinero a largo plazo al reducir el costo total de los intereses.

Haz Pagos Adicionales Siempre que Sea Posible:

Si tienes ingresos adicionales, como bonos, devoluciones de impuestos o dinero extra de un trabajo a tiempo parcial, úsalo para hacer pagos adicionales a tus deudas. Cada pago adicional reduce el capital adeudado y disminuye la cantidad de intereses que pagarás a lo largo del tiempo.

Considera Consolidar tus Deudas:

La consolidación de deudas implica combinar múltiples deudas en un solo préstamo con una tasa de interés más baja. Esto puede simplificar tus pagos y reducir el costo total de los intereses. Investiga opciones como préstamos personales, líneas de crédito y transferencias de saldo a tarjetas de crédito con tasas de interés promocionales bajas. Asegúrate de leer las condiciones y evitar incurrir en nuevas deudas.

Negocia Tasas de Interés Más Bajas:

Contacta a tus acreedores y solicita una reducción en la tasa de interés. Explica tu situación financiera y tu compromiso de pagar la deuda. Muchas veces, los acreedores están dispuestos a trabajar contigo y ofrecerte una tasa de interés más baja para evitar la morosidad.

Crea un Presupuesto Estricto:

Un presupuesto bien planificado es crucial para pagar deudas. Analiza tus ingresos y gastos, y asigna una parte significativa de tus ingresos al pago de deudas. Reduce gastos innecesarios y ajusta tu estilo de vida temporalmente para liberar más fondos para tus pagos de deudas.

Evita Nuevas Deudas:

Mientras trabajas para pagar tus deudas, es fundamental evitar incurrir en nuevas deudas. Usa el efectivo o una tarjeta de débito para tus compras diarias y evita el uso de tarjetas de crédito a menos que sea absolutamente necesario.

Cómo Evitar Caer en Ciclos de Endeudamiento

Una vez que hayas pagado tus deudas, es crucial implementar hábitos financieros saludables para evitar caer en ciclos de endeudamiento en el futuro. Aquí tienes algunas estrategias para mantenerte libre de deudas:

Construye un Fondo de Emergencia:

Un fondo de emergencia te proporciona una red de seguridad financiera para manejar imprevistos sin recurrir a las tarjetas de crédito o préstamos. Asegúrate de tener entre tres y seis meses de gastos esenciales en tu fondo de emergencia.

Crea y Sigue un Presupuesto:

Un presupuesto te ayuda a vivir dentro de tus medios y a evitar gastos excesivos. Revisa y ajusta tu presupuesto regularmente para reflejar tus ingresos y gastos actuales. Prioriza el ahorro y los pagos a tus deudas en tu presupuesto.

Establece Metas Financieras Claras:

Tener metas financieras claras te proporciona dirección y motivación. Define tus metas a corto, mediano y largo plazo, y trabaja consistentemente hacia ellas. Esto te ayudará a mantener el enfoque y a evitar gastos innecesarios.

Usa el Crédito con Responsabilidad:

Si decides usar tarjetas de crédito, hazlo con responsabilidad. Paga el saldo completo cada mes para evitar intereses y cargos por financiamiento. Usa las tarjetas de crédito solo para compras planificadas y dentro de tu presupuesto.

Evita Gastos Impulsivos:

Las compras impulsivas pueden llevar rápidamente a deudas innecesarias. Antes de hacer una compra, pregúntate si realmente necesitas el artículo y si puedes permitirte comprarlo. Esperar 24 horas antes de realizar una compra importante puede ayudarte a tomar decisiones más racionales.

Educa a tu Familia sobre Finanzas:

Involucra a tu familia en la gestión de las finanzas y enséñales la importancia de vivir sin deudas. La comunicación abierta sobre las finanzas familiares puede ayudar a todos a estar en la misma página y a trabajar juntos hacia la estabilidad financiera.

Monitorea tu Crédito:

Revisa tu informe de crédito regularmente para asegurarte de que no haya errores y para mantenerte al tanto de tu puntuación crediticia. Una buena puntuación crediticia te permitirá acceder a mejores tasas de interés y condiciones de préstamo en el futuro.

Planea para el Futuro:

Planificar para el futuro, incluyendo la jubilación, la educación de tus hijos y otros grandes gastos, te ayudará a evitar sorpresas financieras. Contribuye regularmente a tus cuentas de ahorro e inversión para asegurar un futuro financiero estable.

Busca Asesoría Financiera si es Necesario:

Si sientes que no puedes manejar tus finanzas por tu cuenta, busca la ayuda de un asesor financiero. Un profesional puede ofrecerte consejos personalizados y ayudarte a desarrollar un plan financiero sólido.

Mantén una Mentalidad de Ahorro:

Desarrolla el hábito de ahorrar regularmente. Incluso pequeñas cantidades pueden sumar con el tiempo y proporcionarte una base financiera sólida. Establece transferencias automáticas a tus cuentas de ahorro para asegurar que siempre estás ahorrando.

Conclusión del Capítulo

Eliminar y evitar las deudas es fundamental para alcanzar la libertad financiera y reducir el estrés económico. Al implementar las estrategias para pagar deudas rápidamente y adoptar hábitos financieros saludables, puedes liberarte de las deudas y mantenerte en el camino correcto hacia tus metas financieras.

Recuerda que la clave para manejar las deudas es la disciplina y la constancia. Mantén el enfoque en tus objetivos y utiliza las herramientas y técnicas que has aprendido en este capítulo para lograr una vida financiera más saludable y equilibrada.

Este capítulo te ha proporcionado las herramientas necesarias para eliminar tus deudas y evitar caer en ciclos de endeudamiento en el futuro. A medida que continúes avanzando en este libro, seguirás aprendiendo técnicas y hábitos que te ayudarán a optimizar tus finanzas y alcanzar tus metas financieras. Mantén la motivación y la determinación, y recuerda que cada pequeño paso que tomes te acerca a una vida sin deudas y más próspera.

Capítulo 7: Introducción a las Inversiones

Invertir es una de las maneras más efectivas de hacer crecer tu dinero y alcanzar tus metas financieras a largo plazo. A través de la inversión, puedes generar ingresos adicionales, proteger tu capital contra la inflación y aumentar tu patrimonio. Sin embargo, el mundo de las inversiones puede parecer intimidante si eres nuevo en él. Este capítulo te proporcionará una introducción a los principios básicos de la inversión y te ayudará a entender los diferentes tipos de inversiones disponibles para que puedas elegir las más adecuadas para ti.

Principios Básicos de Inversión

Antes de sumergirte en los tipos específicos de inversiones, es esencial comprender algunos principios básicos que guiarán tus decisiones de inversión:

Diversificación:

Diversificar significa distribuir tus inversiones entre diferentes tipos de activos para reducir el riesgo. No pongas todos tus huevos en una sola canasta. Al diversificar, puedes proteger tu portafolio contra la volatilidad de un solo mercado o sector.

Riesgo y Retorno:

Todas las inversiones implican algún nivel de riesgo. Generalmente, cuanto mayor es el riesgo, mayor es el potencial de retorno. Es importante evaluar tu tolerancia al riesgo y elegir inversiones que se alineen con tu perfil de riesgo. Pregúntate cuánto estás dispuesto a perder y cuál es tu objetivo de ganancias.

Horizonte Temporal:

Tu horizonte temporal se refiere a cuánto tiempo planeas mantener tus inversiones antes de necesitarlas. Las inversiones a largo plazo tienden a ser menos volátiles y pueden beneficiarse del crecimiento compuesto, mientras que las inversiones a corto plazo pueden ser más adecuadas para objetivos específicos y menos arriesgadas.

Interés Compuesto:

El interés compuesto es uno de los conceptos más poderosos en finanzas. Es el interés sobre el interés que se acumula con el tiempo, lo que permite que tu inversión crezca exponencialmente. Cuanto antes comiences a invertir, más tiempo tendrás para beneficiarte del interés compuesto.

Revisión y Ajuste:

El mundo de las inversiones no es estático. Es crucial revisar y ajustar tu portafolio regularmente para asegurarte de que sigue alineado con tus objetivos y tolerancia al riesgo. Cambios en tus circunstancias personales o en el mercado pueden requerir ajustes en tu estrategia de inversión.

Diferentes Tipos de Inversiones y Cómo Elegir la Adecuada

Existen muchas opciones de inversión, cada una con sus propias características, beneficios y riesgos. Aquí te presentamos algunos de los tipos de inversiones más comunes y cómo puedes decidir cuál es la adecuada para ti:

Acciones:

Invertir en acciones significa comprar una participación en una empresa. Las acciones pueden proporcionar altos rendimientos, pero también conllevan un mayor riesgo debido a la volatilidad del mercado. Si estás dispuesto a asumir más riesgo y buscas crecimiento a largo plazo, las acciones pueden ser una buena opción.

Ventajas: Potencial de altos rendimientos, propiedad parcial en empresas.

Desventajas: Alta volatilidad, riesgo de perder capital.

Bonos:

Los bonos son préstamos que haces a empresas o gobiernos a cambio de pagos de intereses regulares y la devolución del capital al vencimiento. Los bonos tienden a ser menos volátiles que las acciones y proporcionan ingresos predecibles, lo que los hace adecuados para inversores con aversión al riesgo.

Ventajas: Ingresos predecibles, menor volatilidad.

Desventajas: Menor potencial de crecimiento, riesgo de incumplimiento.

Fondos Mutuos:

Un fondo mutuo es una inversión colectiva que agrupa dinero de muchos inversores para comprar una cartera diversificada de acciones, bonos u otros valores. Los fondos mutuos son gestionados por profesionales y pueden ser una buena opción para inversores que prefieren no gestionar sus propias inversiones.

Ventajas: Diversificación, gestión profesional.

Desventajas: Comisiones y gastos, no siempre superan el rendimiento del mercado.

Fondos Cotizados en Bolsa (ETF):

Los ETF son similares a los fondos mutuos, pero se negocian en bolsas de valores como las acciones. Ofrecen diversificación y, a menudo, tienen costos más bajos que los fondos mutuos. Los ETF pueden ser una opción atractiva para inversores que buscan flexibilidad y costos bajos.

Ventajas: Diversificación, costos más bajos, flexibilidad.

Desventajas: Pueden ser complejos, rendimiento sujeto a la volatilidad del mercado.

Bienes Raíces:

Invertir en bienes raíces implica comprar propiedades para generar ingresos por alquiler o para vender a un precio más alto en el futuro. Los bienes raíces pueden proporcionar ingresos estables y apreciación del capital, pero también requieren una gestión activa y pueden ser menos líquidos que otras inversiones.

Ventajas: Ingresos por alquiler, apreciación del capital.

Desventajas: Gestión activa, menos liquidez.

Certificados de Depósito (CD):

Los CD son productos financieros ofrecidos por bancos que proporcionan un rendimiento fijo durante un período específico. Son inversiones de bajo riesgo, adecuadas para aquellos que buscan preservar su capital y obtener ingresos predecibles.

Ventajas: Bajo riesgo, rendimiento fijo.

Desventajas: Rendimiento limitado, dinero inmovilizado hasta el vencimiento.

Criptomonedas:

Las criptomonedas, como Bitcoin y Ethereum, son activos digitales que utilizan la tecnología blockchain. Son altamente volátiles y pueden ofrecer altos rendimientos, pero también conllevan un riesgo significativo. Son adecuadas para inversores con alta tolerancia al riesgo y una comprensión de la tecnología detrás de ellas.

Ventajas: Potencial de altos rendimientos, innovación tecnológica.

Desventajas: Alta volatilidad, riesgo de fraude y pérdida de capital.

Metales Preciosos:

Invertir en metales preciosos como oro y plata puede actuar como un refugio seguro en tiempos de incertidumbre económica. Estos activos tienden a mantener su valor a largo plazo y pueden proporcionar diversificación a tu portafolio.

Ventajas: Refugio seguro, diversificación.

Desventajas: No generan ingresos, almacenamiento y seguridad.

Cómo Elegir la Inversión Adecuada para Ti

Elegir la inversión adecuada depende de varios factores personales. Aquí tienes algunas preguntas y consideraciones que te ayudarán a tomar decisiones informadas:

Define tus Objetivos Financieros:

¿Cuáles son tus metas financieras? ¿Estás ahorrando para la jubilación, la educación de tus hijos o una gran compra? Tus objetivos te ayudarán a determinar el horizonte temporal y el nivel de riesgo adecuado para tus inversiones.

Evalúa tu Tolerancia al Riesgo:

¿Cómo te sientes con respecto a la posibilidad de perder dinero? Si te sientes incómodo con la idea de perder capital, puede que prefieras inversiones más seguras como bonos o CD. Si estás dispuesto a asumir más riesgos para obtener mayores rendimientos, las acciones o las criptomonedas podrían ser más adecuadas.

Considera tu Horizonte Temporal:

¿Cuánto tiempo planeas mantener tus inversiones? Las inversiones a largo plazo pueden beneficiarse del interés compuesto y soportar mejor la volatilidad del mercado. Las inversiones a corto plazo deben ser menos volátiles y más líquidas.

Diversifica tu Portafolio:

No pongas todos tus fondos en una sola inversión. Diversifica tus inversiones para reducir el riesgo y aumentar las oportunidades de rendimiento. Considera una combinación de acciones, bonos, bienes raíces y otros activos que se ajusten a tu perfil de riesgo y objetivos.

Infórmate y Educa:

La educación financiera es clave para tomar decisiones de inversión informadas. Lee libros, asiste a seminarios y sigue noticias financieras para mantenerte al día con las tendencias del mercado. Cuanto más sepas, mejor preparado estarás para gestionar tus inversiones.

Consulta con un Asesor Financiero:

Si te sientes abrumado o inseguro sobre cómo empezar, considera consultar con un asesor financiero. Un profesional puede ayudarte a evaluar tu situación financiera, definir tus objetivos y crear un plan de inversión personalizado.

Conclusión del Capítulo

Invertir es una herramienta poderosa para hacer crecer tu dinero y alcanzar tus metas financieras a largo plazo. Al comprender los principios básicos de la inversión y explorar los diferentes tipos de inversiones disponibles, puedes tomar decisiones informadas y estratégicas que se alineen con tus objetivos y tolerancia al riesgo.

Recuerda que la clave del éxito en las inversiones es la educación continua y la revisión regular de tu portafolio. Mantente informado, ajusta tus inversiones según sea necesario y mantén la disciplina a lo largo del tiempo.

Este capítulo te ha proporcionado una introducción a los conceptos fundamentales de la inversión y te ha ayudado a identificar las opciones de inversión más adecuadas para ti. A medida que continúes avanzando en este libro, seguirás aprendiendo técnicas y hábitos que te ayudarán a optimizar tus finanzas y alcanzar tus metas financieras. Mantén el enfoque y la determinación, y estarás bien encaminado hacia una vida financiera más próspera y segura.

"Invertir desde temprano, aunque sea con pequeñas cantidades, puede generar grandes beneficios a largo plazo. La clave está en comenzar y aprender continuamente."

Capítulo 8: Inversiones para Principiantes

Empezar a invertir puede parecer una tarea intimidante, pero con la información y las herramientas adecuadas, cualquier persona puede hacerlo. La inversión es una de las mejores maneras de hacer crecer tu dinero a largo plazo y de asegurar tu futuro financiero. Este capítulo te guiará a través de los pasos iniciales para empezar a invertir y te proporcionará herramientas y recursos útiles para inversores novatos.

Cómo Empezar a Invertir

Comenzar tu camino en el mundo de las inversiones no tiene por qué ser complicado. Aquí tienes algunos pasos clave para empezar:

Establece tus Objetivos Financieros:

Antes de invertir, es fundamental que definas tus objetivos financieros. ¿Estás ahorrando para la jubilación, una casa, la educación de tus hijos o simplemente quieres aumentar tu patrimonio? Establecer objetivos claros te ayudará a determinar tu horizonte temporal y tu tolerancia al riesgo.

Crea un Fondo de Emergencia:

Antes de empezar a invertir, asegúrate de tener un fondo de emergencia sólido. Este fondo debe cubrir entre tres y seis meses de gastos básicos. Tener un fondo de emergencia te proporciona una red de seguridad financiera en caso de imprevistos y te permite invertir con mayor tranquilidad.

Conoce tu Tolerancia al Riesgo:

Evalúa tu tolerancia al riesgo para determinar qué tipo de inversiones son adecuadas para ti. La tolerancia al riesgo depende de tu personalidad, situación financiera y horizonte temporal. Si te sientes incómodo con la posibilidad de perder dinero, es posible que prefieras inversiones más conservadoras.

Elige un Tipo de Cuenta de Inversión:

Existen diferentes tipos de cuentas de inversión, cada una con sus propias ventajas fiscales y características. Algunas de las más comunes incluyen:

Cuentas de corretaje: Estas cuentas te permiten comprar y vender una variedad de inversiones como acciones, bonos y fondos mutuos. No tienen beneficios fiscales específicos, pero ofrecen flexibilidad.

Cuentas de jubilación: Como los planes 401(k) y las cuentas IRA, estas cuentas tienen beneficios fiscales que pueden ayudarte a ahorrar para la jubilación. Sin embargo, tienen restricciones sobre cuándo y cómo puedes retirar los fondos.

Selecciona una Plataforma de Inversión:

Elige una plataforma de inversión que se adapte a tus necesidades. Las plataformas de inversión en línea son una opción popular para los inversores novatos debido a su facilidad de uso y bajas comisiones. Algunas de las plataformas más conocidas incluyen Robinhood, E*TRADE y TD Ameritrade.

Empieza con Fondos Mutuos o ETFs:

Si eres nuevo en la inversión, los fondos mutuos y los ETFs (fondos cotizados en bolsa) son una excelente manera de comenzar. Estos fondos te permiten invertir en una cartera diversificada de activos sin tener que seleccionar acciones individuales. Además, están gestionados por profesionales que toman decisiones de inversión en tu nombre.

Automatiza tus Inversiones:

Automatizar tus inversiones puede ayudarte a mantener la consistencia y a evitar decisiones impulsivas. Muchas plataformas de inversión ofrecen opciones para configurar transferencias automáticas desde tu cuenta bancaria a tu cuenta de inversión. Esta estrategia te permite invertir regularmente sin tener que pensarlo.

Invierte en Conocimiento:

La educación financiera es clave para el éxito en las inversiones. Dedica tiempo a aprender sobre los diferentes tipos de inversiones, estrategias de inversión y el funcionamiento del mercado. Cuanto más informado estés, mejores decisiones podrás tomar.

Herramientas y Recursos para Inversores Novatos

Existen numerosas herramientas y recursos que pueden ayudarte a convertirte en un inversor informado y exitoso. Aquí tienes algunas opciones útiles para empezar:

Aplicaciones de Inversión:

Las aplicaciones de inversión son una excelente manera de gestionar tus inversiones desde tu teléfono móvil. Algunas de las aplicaciones más populares incluyen:

- Robinhood: Ofrece operaciones sin comisiones y una interfaz fácil de usar, ideal para principiantes.
- Acorns: Redondea tus compras y automáticamente invierte el cambio en una cartera diversificada.
- Stash: Proporciona orientación educativa y permite invertir en fracciones de acciones.

Simuladores de Inversión:

Los simuladores de inversión te permiten practicar la inversión sin arriesgar dinero real. Utilizar un simulador puede ayudarte a familiarizarte con el mercado y a probar diferentes estrategias de inversión. Algunas plataformas ofrecen cuentas de demostración que simulan el entorno del mercado real.

Educación en Línea:

Existen numerosos cursos en línea y recursos educativos que pueden ayudarte a aprender sobre inversiones. Plataformas como Coursera, Udemy y Khan Academy ofrecen cursos sobre finanzas e inversión. Además, muchos sitios web financieros, como Investopedia, proporcionan artículos y tutoriales detallados.

Libros sobre Inversión:

Leer libros sobre inversión es una excelente manera de profundizar en tu conocimiento. Algunos títulos recomendados para principiantes incluyen:

- o "El Inversor Inteligente" de Benjamin Graham: Un clásico de la inversión que enseña los principios fundamentales del análisis de valores.
- o "Padre Rico, Padre Pobre" de Robert Kiyosaki: Ofrece lecciones sobre la mentalidad financiera y la importancia de la inversión.
- o "Un Paseo Aleatorio por Wall Street" de Burton G. Malkiel: Explica cómo funcionan los mercados y ofrece estrategias para inversores a largo plazo.

Asesores Robo:

Los asesores robo son plataformas automatizadas que gestionan tus inversiones basándose en tu perfil de riesgo y objetivos. Utilizan algoritmos para crear y mantener una cartera diversificada. Algunas opciones populares incluyen Betterment, Wealthfront y Ellevest.

Comunidades de Inversión:

Unirse a comunidades de inversión en línea o foros puede proporcionarte apoyo y aprendizaje adicional. Sitios como Reddit (subreddit r/investing) y foros específicos de inversión pueden ser útiles para compartir experiencias y obtener consejos.

Podcasts y Videos:

Escuchar podcasts y ver videos sobre inversión puede ser una manera conveniente de aprender mientras te desplazas. Algunos podcasts populares incluyen "The Dave Ramsey Show," "BiggerPockets Money," y "The Motley Fool." Además, canales de YouTube como "Graham Stephan" y "Andrei Jikh" ofrecen contenido educativo sobre inversiones.

Estrategias de Inversión para Principiantes

Aquí tienes algunas estrategias básicas que pueden ayudarte a comenzar tu camino en la inversión:

Inversión en Índices:

Invertir en índices, como el S&P 500, es una estrategia simple y efectiva para obtener exposición a un amplio mercado. Los fondos indexados y los ETFs replican el rendimiento de un índice específico y suelen tener bajas comisiones.

Dólar-Costo Promedio:

Esta estrategia implica invertir una cantidad fija de dinero en intervalos regulares, independientemente del precio del mercado. El dólar-costo promedio reduce el impacto de la volatilidad del mercado y promueve la disciplina de inversión a largo plazo.

Reinversión de Dividendos:

Si inviertes en acciones que pagan dividendos, considera reinvertir esos dividendos en lugar de cobrarlos. La reinversión de dividendos puede acelerar el crecimiento de tu inversión a través del interés compuesto.

Diversificación:

Diversificar tu cartera es esencial para reducir el riesgo. Invierte en diferentes clases de activos, sectores y geografías para minimizar el impacto de la volatilidad del mercado en tu portafolio.

Mantén una Perspectiva a Largo Plazo:

La inversión a largo plazo tiende a ser menos riesgosa y más gratificante. Evita tomar decisiones basadas en movimientos de corto plazo del mercado y mantén tus inversiones durante el tiempo necesario para que crezcan.

Conclusión del Capítulo

Empezar a invertir puede parecer abrumador, pero con los pasos adecuados y las herramientas correctas, cualquier persona puede convertirse en un inversor exitoso. Define tus objetivos, crea un fondo de emergencia, elige una plataforma de inversión adecuada y continúa educándote para tomar decisiones informadas.

Este capítulo te ha proporcionado una guía práctica para comenzar a invertir y te ha presentado herramientas y recursos útiles para inversores novatos. A medida que continúes avanzando en este libro, seguirás aprendiendo técnicas y hábitos que te ayudarán a optimizar tus finanzas y alcanzar tus metas financieras. Mantén la motivación y la disciplina, y estarás bien encaminado hacia una vida financiera más próspera y segura.

"Maximizar el retorno de tus inversiones requiere una combinación de estrategias inteligentes y diversificación. Con el conocimiento adecuado, puedes hacer que tu dinero trabaje más para ti."

Capítulo 9: Maximizar el Retorno de tus Inversiones

Una vez que hayas comenzado a invertir y te sientas cómodo con los conceptos básicos, el siguiente paso es aprender a maximizar el retorno de tus inversiones. Esto implica no solo aumentar tus rendimientos, sino también gestionar el riesgo de manera efectiva. En este capítulo, exploraremos estrategias avanzadas de inversión y te proporcionaremos técnicas para diversificar tu portafolio, asegurando un equilibrio adecuado entre riesgo y retorno.

Estrategias Avanzadas de Inversión

Adoptar estrategias avanzadas puede ayudarte a mejorar significativamente tus rendimientos de inversión. Aquí te presentamos algunas de las más efectivas:

Inversión en Dividendos:

Invertir en acciones que pagan dividendos puede proporcionar un flujo constante de ingresos pasivos. Los dividendos son pagos regulares que las empresas hacen a sus accionistas a partir de sus ganancias. Al reinvertir estos dividendos, puedes aprovechar el poder del interés compuesto para aumentar tu capital a lo largo del tiempo.

Ventajas: Ingresos pasivos, potencial de reinversión, menor

volatilidad.

Desventajas: Riesgo de recorte de dividendos, menor crecimiento de capital comparado con acciones de alto crecimiento.

Fondos de Cobertura (Hedge Funds):

Los fondos de cobertura son vehículos de inversión que utilizan estrategias avanzadas, como el apalancamiento, la venta en corto y las derivadas, para generar altos rendimientos. Aunque suelen estar disponibles solo para inversores acreditados, ofrecen una manera de acceder a técnicas de inversión sofisticadas.

Ventajas: Potencial de altos rendimientos, estrategias diversificadas.

Desventajas: Altas comisiones, mayor riesgo, menor liquidez.

Inversiones Internacionales:

Invertir en mercados internacionales puede diversificar significativamente tu portafolio y ofrecer oportunidades de crecimiento en economías emergentes. Sin embargo, también conlleva riesgos adicionales, como la volatilidad de la moneda y la inestabilidad política.

Ventajas: Diversificación geográfica, acceso a mercados en crecimiento.

Desventajas: Riesgo cambiario, riesgo político, mayor complejidad.

Fondos de Capital Privado (Private Equity):

Los fondos de capital privado invierten en empresas privadas que no cotizan en bolsa. Estos fondos buscan aumentar el valor de las empresas en las que invierten y luego venderlas con una ganancia significativa. Esta estrategia puede ofrecer altos rendimientos, pero también es menos líquida y más riesgosa.

Ventajas: Potencial de altos rendimientos, participación en el crecimiento empresarial.

Desventajas: Baja liquidez, alto riesgo, mayor plazo de inversión.

Inversiones en Bienes Raíces Comerciales:

Invertir en bienes raíces comerciales, como edificios de oficinas, centros comerciales y propiedades industriales, puede proporcionar ingresos por alquiler y apreciación del capital. Las inversiones en bienes raíces comerciales suelen requerir un capital significativo, pero pueden ofrecer retornos atractivos y estabilidad a largo plazo.

Ventajas: Ingresos por alquiler, apreciación del capital, diversificación.

Desventajas: Alta inversión inicial, gestión activa, riesgo de vacancia.

Inversiones en Tecnologías Emergentes:

Invertir en tecnologías emergentes, como inteligencia artificial, blockchain y energías renovables, puede ofrecer un alto potencial de crecimiento. Estas inversiones suelen ser volátiles y requieren una investigación exhaustiva para identificar las oportunidades más prometedoras.

Ventajas: Alto potencial de crecimiento, participación en la innovación.

Desventajas: Alta volatilidad, riesgo tecnológico, necesidad de conocimiento especializado.

Estrategias de Inversión Activa:

La inversión activa implica seleccionar activamente valores para intentar superar el rendimiento del mercado. Los gestores activos utilizan análisis fundamental y técnico para identificar oportunidades de inversión. Aunque puede ofrecer rendimientos superiores, también conlleva mayores costos y riesgos.

Ventajas: Potencial de superar el mercado, estrategias personalizadas.

Desventajas: Altas comisiones, mayor riesgo de error, necesidad de seguimiento constante.

Cómo Diversificar tu Portafolio

La diversificación es una estrategia clave para gestionar el riesgo y mejorar el rendimiento de tu portafolio. Al invertir en una variedad de activos, puedes reducir la volatilidad general y protegerte contra pérdidas significativas en una sola inversión. Aquí tienes algunos consejos para diversificar eficazmente tu portafolio:

Distribución entre Diferentes Clases de Activos:

Una cartera diversificada incluye una mezcla de diferentes clases de activos, como acciones, bonos, bienes raíces y efectivo. Cada clase de activo tiene un perfil de riesgo y retorno diferente, lo que ayuda a equilibrar tu portafolio.

Acciones: Ofrecen potencial de alto crecimiento pero con mayor volatilidad.

Bonos: Proporcionan ingresos estables y menor riesgo, aunque con menores rendimientos.

Bienes Raíces: Generan ingresos pasivos y apreciación del capital, pero requieren gestión activa.

Efectivo: Proporciona liquidez y seguridad, pero no genera rendimientos significativos.

Diversificación Sectorial:

Dentro de cada clase de activo, diversifica tus inversiones en diferentes sectores de la economía. Por ejemplo, en acciones, puedes invertir en tecnología, salud, bienes de consumo, energía, y más. Esto te protege contra la volatilidad en cualquier sector específico.

Diversificación Geográfica:

Invertir en mercados internacionales te permite beneficiarte del crecimiento global y reducir el riesgo asociado con la economía de un solo país. Considera invertir en acciones y bonos de diferentes regiones, como América del Norte, Europa, Asia y mercados emergentes.

Utiliza Fondos Indexados y ETFs:

Los fondos indexados y ETFs son herramientas eficaces para diversificar tu portafolio. Estos fondos replican el rendimiento de un índice de mercado, como el S&P 500, y proporcionan exposición a una amplia gama de activos a un costo relativamente bajo.

Incluye Inversiones Alternativas:

Las inversiones alternativas, como bienes raíces, materias primas y criptomonedas, pueden ofrecer diversificación adicional y potencial de rendimiento. Aunque estas inversiones pueden ser más riesgosas y menos líquidas, pueden mejorar el perfil de riesgo-retorno de tu cartera.

Ajusta Regularmente tu Portafolio:

La diversificación no es una tarea de una sola vez. Revisa y ajusta tu portafolio regularmente para asegurarte de que sigue alineado con tus objetivos financieros y tolerancia al riesgo. A medida que cambian tus circunstancias y las condiciones del mercado, es posible que necesites reequilibrar tus inversiones.

Estrategias de Cobertura (Hedging):

Utiliza estrategias de cobertura para proteger tu portafolio contra pérdidas significativas. Las opciones y futuros pueden ser herramientas efectivas para mitigar el riesgo, aunque son más complejas y requieren un conocimiento especializado.

Conclusión del Capítulo

O Maximizar el retorno de tus inversiones requiere una combinación de estrategias avanzadas y una diversificación cuidadosa. Al aplicar estas técnicas, puedes mejorar tus rendimientos y gestionar el riesgo de manera efectiva, asegurando un crecimiento

- sostenible a largo plazo.
- Recuerda que la clave del éxito en las inversiones es la educación continua y la revisión regular de tu portafolio. Mantente informado sobre las tendencias del mercado y ajusta tus estrategias según sea necesario para mantenerte en el buen camino hacia tus metas financieras.

Este capítulo te ha proporcionado las herramientas y estrategias necesarias para maximizar el retorno de tus inversiones y diversificar tu portafolio de manera efectiva. A medida que continúes avanzando en este libro, seguirás aprendiendo técnicas y hábitos que te ayudarán a optimizar tus finanzas y alcanzar tus metas financieras. Mantén la motivación y la disciplina, y estarás bien encaminado hacia una vida financiera más próspera y segura.

Capítulo 10: Hábitos Financieros Saludables

Adoptar hábitos financieros saludables es crucial para mantener tus finanzas en orden y alcanzar tus metas económicas a largo plazo. Los hábitos diarios y mensuales te ayudan a controlar tus gastos, ahorrar más y hacer crecer tu patrimonio. Además, desarrollar una mentalidad de riqueza es esencial para mantener una relación positiva y constructiva con el dinero. En este capítulo, exploraremos rutinas financieras efectivas y estrategias para cultivar una mentalidad de riqueza que te permitirá prosperar económicamente.

Rutinas Diarias y Mensuales para Mantener tus Finanzas en Orden

Las rutinas financieras son prácticas regulares que te ayudan a gestionar tu dinero de manera eficiente. Aquí tienes algunas rutinas diarias y mensuales que puedes incorporar en tu vida para mantener tus finanzas bajo control:

Rutinas Diarias

Registra tus Gastos:

Llevar un registro diario de tus gastos te permite tener una visión clara de a dónde va tu dinero. Anota cada compra, por pequeña que sea, en una aplicación de finanzas personales o en un cuaderno. Esta práctica te ayudará a identificar patrones de gasto y áreas donde puedes recortar.

Revisa tus Cuentas Bancarias:

Dedica unos minutos cada día a revisar tus cuentas bancarias y tarjetas de crédito. Asegúrate de que no haya cargos inesperados o fraudulentos y verifica que tus saldos sean correctos. Mantener un ojo en tus cuentas te permite detectar problemas a tiempo y mantener el control de tus finanzas.

Evita Gastos Impulsivos:

Antes de realizar una compra, pregúntate si realmente necesitas el artículo y si se ajusta a tu presupuesto. Esperar 24 horas antes de hacer una compra importante puede ayudarte a tomar decisiones más racionales y evitar gastos innecesarios.

Practica la Gratitud Financiera:

Tómate un momento cada día para reflexionar sobre lo que tienes y agradecer por tus recursos financieros. La gratitud te ayuda a mantener una actitud positiva hacia el dinero y a valorar lo que ya posees, lo que puede reducir el deseo de gastar impulsivamente.

Rutinas Mensuales

Establece y Revisa tu Presupuesto:

A principios de cada mes, establece un presupuesto detallado que incluya todos tus ingresos y gastos. Asegúrate de asignar una parte de tus ingresos al ahorro y a la inversión.

Revisa tu presupuesto a lo largo del mes y ajústalo según sea necesario para mantenerte en el buen camino.

Paga tus Facturas a Tiempo:

Configura recordatorios o pagos automáticos para asegurarte de que todas tus facturas se paguen a tiempo. Pagar a tiempo evita cargos por mora y mejora tu historial crediticio.

Evalúa tus Metas Financieras:

Revisa tus metas financieras a corto y largo plazo. Evalúa tu progreso y ajusta tus estrategias si es necesario. Celebrar tus logros y mantener la vista en tus objetivos te ayudará a mantenerte motivado.

Revisa tus Inversiones:

Analiza el rendimiento de tus inversiones mensualmente. Asegúrate de que tu portafolio esté alineado con tus objetivos y tolerancia al riesgo. Realiza ajustes si es necesario para mantener una diversificación adecuada y optimizar tus rendimientos.

Ajusta tus Seguros:

Revisa tus pólizas de seguro para asegurarte de que tienes la cobertura adecuada. Considera si necesitas ajustar tus seguros de vida, salud, automóvil o vivienda en función de cambios en tu situación personal.

Evalúa tus Suscripciones:

Haz un inventario de tus suscripciones mensuales y cancela las que no utilices o no necesites. Esto incluye servicios de streaming, gimnasios, revistas y aplicaciones. Reducir gastos innecesarios te ayudará a ahorrar más dinero.

Planifica tus Compras Grandes:

Si planeas realizar una compra grande, investiga y compara precios con antelación. Asegúrate de que la compra se ajuste a tu presupuesto y busca descuentos o promociones que puedan ayudarte a ahorrar.

Cómo Desarrollar una Mentalidad de Riqueza

Desarrollar una mentalidad de riqueza es esencial para mantener una relación positiva con el dinero y lograr el éxito financiero a largo plazo. Aquí tienes algunas estrategias para cultivar una mentalidad de riqueza:

Cambia tu Perspectiva sobre el Dinero:

La manera en que piensas sobre el dinero influye en cómo lo gestionas. En lugar de ver el dinero como algo escaso o negativo, comienza a verlo como una herramienta que puede ayudarte a alcanzar tus metas y mejorar tu calidad de vida. Desarrollar una perspectiva positiva y abundante hacia el dinero te permitirá tomar decisiones financieras más saludables.

Invierte en Educación Financiera:

La educación financiera es clave para tomar decisiones informadas. Dedica tiempo a leer libros, tomar cursos y seguir noticias sobre finanzas personales e inversiones. Cuanto más sepas sobre cómo funciona el dinero, mejor equipado estarás para gestionarlo de manera efectiva.

Rodéate de Personas con Mentalidad Positiva:

Las personas con las que te rodeas pueden influir significativamente en tu mentalidad financiera. Busca la compañía de personas que tengan una actitud positiva hacia el dinero y que te inspiren a alcanzar tus metas financieras. Participa en comunidades o grupos de apoyo que compartan tus objetivos y valores.

Establece Metas Claras y Realistas:

Tener metas financieras claras y realistas te proporciona un sentido de propósito y dirección. Divide tus metas en objetivos a corto, mediano y largo plazo. Asegúrate de que sean específicas, medibles, alcanzables, relevantes y con un plazo definido (SMART). Esto te ayudará a mantener el enfoque y la motivación.

Practica la Disciplina Financiera:

La disciplina financiera es crucial para mantenerte en el buen camino hacia tus metas. Establece hábitos consistentes, como ahorrar regularmente, evitar deudas innecesarias y gastar de manera consciente. La disciplina te permitirá tomar el control de tus finanzas y alcanzar la estabilidad económica.

Visualiza tu Éxito Financiero:

La visualización es una herramienta poderosa para alcanzar tus metas. Tómate unos minutos cada día para imaginar cómo sería tu vida si alcanzaras tus objetivos financieros. Visualiza el estilo de vida que deseas, la seguridad financiera que disfrutarías y la satisfacción de haber logrado tus sueños. Esto puede motivarte a seguir trabajando hacia tus metas.

Celebra tus Logros:

Reconocer y celebrar tus logros financieros, por pequeños que sean, es importante para mantener una mentalidad positiva. Cada vez que alcances una meta o hagas un progreso significativo, date una recompensa. Esto refuerza el comportamiento positivo y te mantiene motivado para seguir adelante.

Aprende de tus Errores:

Todos cometemos errores financieros en algún momento. En lugar de castigarte por ellos, usa estos errores como oportunidades de aprendizaje. Analiza lo que salió mal, qué podrías haber hecho de manera diferente y cómo puedes evitar cometer los mismos errores en el futuro. La resiliencia y la capacidad de aprender de tus errores son componentes esenciales de una mentalidad de riqueza.

Mantén una Actitud de Gratitud:

Practicar la gratitud te ayuda a enfocarte en lo que tienes en lugar de en lo que te falta. Agradecer por tus recursos financieros y oportunidades puede mejorar tu bienestar emocional y tu relación con el dinero. La gratitud también te ayuda a mantener una perspectiva equilibrada y a apreciar tus logros financieros.

Conclusión del Capítulo

Adoptar hábitos financieros saludables y desarrollar una mentalidad de riqueza son componentes esenciales para alcanzar la estabilidad y el éxito financiero. Las rutinas diarias y mensuales te ayudan a gestionar tu dinero de manera eficiente, mientras que una mentalidad positiva hacia el dinero te permite tomar decisiones financieras más informadas y constructivas.

Recuerda que la clave para mantener tus finanzas en orden es la consistencia y la disciplina. Incorpora las rutinas y estrategias presentadas en este capítulo en tu vida diaria y mensual, y trabaja continuamente en desarrollar una mentalidad de riqueza. A medida que avances en tu camino financiero, seguirás descubriendo nuevas formas de optimizar tus finanzas y alcanzar tus metas económicas.

Este capítulo te ha proporcionado las herramientas y estrategias necesarias para mantener tus finanzas en orden y desarrollar una mentalidad de riqueza. A medida que continúes avanzando en este libro, seguirás aprendiendo técnicas y hábitos que te ayudarán a optimizar tus finanzas y alcanzar tus metas financieras. Mantén la motivación y la disciplina, y estarás bien encaminado hacia una vida financiera más próspera y segura.

"La planificación financiera a largo plazo es la base de un futuro seguro y próspero. Al tomar decisiones informadas hoy, puedes construir un mañana lleno de oportunidades y estabilidad."

Capítulo 11: Planificación para el Futuro

La planificación para el futuro es un aspecto fundamental de la gestión financiera. Asegurar tu bienestar económico a largo plazo implica tanto ahorrar para la jubilación como crear un plan financiero sólido que te permita alcanzar tus metas a lo largo de tu vida. En este capítulo, te proporcionaremos estrategias y consejos para el ahorro para la jubilación y la planificación financiera a largo plazo, ayudándote a construir un futuro financiero estable y seguro.

Ahorro para la Jubilación

Ahorrar para la jubilación es crucial para asegurar que puedas disfrutar de una vida cómoda y sin preocupaciones financieras cuando dejes de trabajar. Aquí tienes algunas estrategias y consejos para empezar:

Comienza Temprano:

El tiempo es tu mejor aliado cuando se trata de ahorrar para la jubilación. Cuanto antes empieces, más tiempo tendrás para que tus inversiones crezcan gracias al interés compuesto. Incluso pequeñas contribuciones regulares pueden acumularse significativamente a lo largo del tiempo.

Aprovecha los Planes de Jubilación Patrocinados por el Empleador:

Si tu empleador ofrece un plan de jubilación, como un 401(k) o un plan de pensiones, asegúrate de participar. Estos planes a menudo incluyen contribuciones equivalentes del empleador, lo que es esencialmente dinero gratis para tu jubilación. Contribuye al menos lo suficiente para maximizar la aportación del empleador.

Abre una Cuenta Individual de Retiro (IRA):

Además de los planes patrocinados por el empleador, considera abrir una Cuenta Individual de Retiro (IRA). Las IRAs tradicionales te permiten contribuir con dinero antes de impuestos, mientras que las Roth IRAs te permiten contribuir con dinero después de impuestos, ofreciendo retiros libres de impuestos en la jubilación. Evalúa cuál es la opción que mejor se adapta a tu situación financiera.

Diversifica tus Inversiones:

La diversificación es clave para gestionar el riesgo en tu cartera de jubilación. Invierte en una variedad de activos, como acciones, bonos y fondos mutuos, para equilibrar el riesgo y el rendimiento. Ajusta tu cartera a medida que te acerques a la jubilación para reducir la exposición al riesgo y proteger tu capital.

Incrementa tus Ahorros con el Tiempo:

A medida que tu salario aumenta, incrementa tus contribuciones a tus cuentas de jubilación. Una estrategia común es aumentar el porcentaje de tu salario destinado a la jubilación cada vez que recibas un aumento. Esto te permite aumentar tus ahorros sin sentir una gran diferencia en tu ingreso disponible.

Mantén los Gastos Bajos:

Los costos y las tarifas pueden erosionar significativamente tus ahorros para la jubilación. Elige inversiones y cuentas de jubilación con bajos costos administrativos y comisiones. Opta por fondos indexados y ETFs, que suelen tener comisiones más bajas que los fondos mutuos gestionados activamente.

Revisa y Ajusta Regularmente:

Es fundamental revisar y ajustar regularmente tus planes de jubilación. Asegúrate de que tu estrategia de inversión sigue siendo adecuada para tus objetivos y tolerancia al riesgo. A medida que te acerques a la jubilación, considera ajustar tu cartera para reducir el riesgo y proteger tus ahorros.

Planifica para la Longevidad:

La esperanza de vida ha aumentado, lo que significa que podrías necesitar fondos para más años de los que inicialmente planeaste. Asegúrate de que tu plan de jubilación incluye provisiones para una vida más larga y para cubrir posibles costos de atención médica a largo plazo.

Planificación Financiera a Largo Plazo

La planificación financiera a largo plazo es esencial para lograr estabilidad y seguridad financiera. Aquí tienes algunas estrategias para planificar tus finanzas a largo plazo:

Establece Metas Financieras Claras:

Define tus objetivos financieros a largo plazo, como comprar una casa, financiar la educación de tus hijos, viajar o disfrutar de una jubilación cómoda. Establecer metas claras te ayudará a crear un plan financiero detallado y te proporcionará un sentido de propósito y dirección.

Crea un Plan de Ahorro:

Un plan de ahorro sólido es fundamental para alcanzar tus metas financieras a largo plazo. Establece un presupuesto que te permita ahorrar una parte de tus ingresos regularmente. Considera la posibilidad de automatizar tus ahorros para asegurar que estás contribuyendo consistentemente a tus objetivos.

Invierte en Educación y Desarrollo Profesional:

Invertir en tu educación y desarrollo profesional puede tener un impacto significativo en tu capacidad para generar ingresos a largo plazo. Considera la posibilidad de tomar cursos adicionales, obtener certificaciones o adquirir nuevas habilidades que te permitan avanzar en tu carrera y aumentar tu salario.

Gestión de Deudas:

La gestión de deudas es una parte crucial de la planificación financiera a largo plazo. Prioriza el pago de deudas con altos intereses y evita incurrir en nuevas deudas innecesarias. Mantén tus niveles de deuda bajo control para asegurar que tus finanzas no se vean comprometidas a largo plazo.

Diversificación de Ingresos:

Diversificar tus fuentes de ingresos puede proporcionar estabilidad y seguridad financiera. Considera la posibilidad de generar ingresos adicionales a través de inversiones, negocios secundarios o trabajos freelance. Tener múltiples fuentes de ingresos puede ayudarte a mitigar el riesgo de perder tu principal fuente de ingresos.

Protege tu Patrimonio:

Asegúrate de proteger tu patrimonio y tus activos con el seguro adecuado. Esto incluye seguros de vida, salud, hogar y automóvil. El seguro te proporciona una red de seguridad que te protege contra pérdidas financieras significativas en caso de imprevistos.

Planificación Sucesoria:

La planificación sucesoria es una parte importante de la planificación financiera a largo plazo. Asegúrate de tener un testamento y un plan de sucesión claros para tus activos. Esto no solo protege tu patrimonio, sino que también asegura que tus deseos se cumplan y que tus seres queridos estén protegidos.

Planificación Fiscal:

La planificación fiscal es esencial para maximizar tus ahorros y minimizar tus obligaciones fiscales. Considera trabajar con un asesor fiscal para desarrollar estrategias que te permitan aprovechar al máximo los beneficios fiscales disponibles y optimizar tu situación financiera.

Construye y Mantén un Fondo de Emergencia:

Un fondo de emergencia te proporciona una red de seguridad en caso de imprevistos financieros. Asegúrate de mantener un fondo de emergencia que cubra entre tres y seis meses de gastos esenciales. Esto te permitirá enfrentar situaciones inesperadas sin comprometer tus objetivos financieros a largo plazo.

Revisa y Ajusta tu Plan Regularmente:

La planificación financiera es un proceso continuo. Revisa y ajusta tu plan regularmente para asegurarte de que sigue siendo adecuado para tus objetivos y circunstancias. A medida que cambian tus metas y situación financiera, adapta tu plan para mantenerte en el buen camino hacia el éxito financiero.

Conclusión del Capítulo

La planificación para el futuro es fundamental para asegurar tu bienestar financiero a largo plazo. Ahorrar para la jubilación y crear un plan financiero sólido son pasos esenciales para alcanzar tus metas y disfrutar de una vida financiera estable y segura. Recuerda que la clave del éxito en la planificación financiera es la consistencia y la disciplina.

Este capítulo te ha proporcionado las estrategias y consejos necesarios para ahorrar para la jubilación y planificar tus finanzas a largo plazo. A medida que continúes avanzando en este libro, seguirás aprendiendo técnicas y hábitos que te ayudarán a optimizar tus finanzas y alcanzar tus metas financieras. Mantén la motivación y la disciplina, y estarás bien encaminado hacia una vida financiera más próspera y segura.

Capítulo 12: Educación Financiera Continua

La educación financiera continua es crucial para mantener y mejorar tu bienestar económico a lo largo de tu vida. El mundo financiero está en constante cambio, y mantenerse actualizado sobre las nuevas tendencias, herramientas y estrategias puede marcar la diferencia entre una vida de estabilidad financiera y una de incertidumbre. En este capítulo, exploraremos la importancia de seguir aprendiendo sobre finanzas y te proporcionaremos recursos recomendados para profundizar tus conocimientos.

La Importancia de Seguir Aprendiendo sobre Finanzas

La educación financiera no debe detenerse una vez que has alcanzado un nivel básico de comprensión. Aquí tienes algunas razones clave por las que es importante seguir aprendiendo sobre finanzas:

Adaptarse a los Cambios del Mercado:

Los mercados financieros están en constante evolución. Nuevas tecnologías, productos financieros y cambios en la regulación pueden afectar significativamente tus inversiones y tu situación financiera. Mantenerte actualizado te permite adaptarte a estos cambios y tomar decisiones informadas.

Mejorar la Toma de Decisiones:

Cuanto más sabes sobre finanzas, mejor equipado estarás para tomar decisiones informadas. La educación financiera te proporciona las herramientas y el conocimiento necesarios para evaluar opciones, entender riesgos y maximizar tus oportunidades de éxito.

Prevenir Fraudes y Estafas:

Con el aumento de las transacciones en línea y la digitalización de los servicios financieros, también ha habido un aumento en los fraudes y estafas. Estar bien informado te ayuda a reconocer señales de alerta y proteger tu dinero de actividades fraudulentas.

Optimizar tus Inversiones:

La educación continua te permite explorar nuevas oportunidades de inversión y mejorar tus estrategias existentes. Aprender sobre diferentes clases de activos, técnicas de inversión y análisis de mercado puede ayudarte a maximizar tus rendimientos y minimizar riesgos.

Planificación para el Futuro:

A medida que avanzas en tu vida, tus metas y necesidades financieras cambian. La educación continua te ayuda a planificar para estos cambios, desde la compra de una casa hasta la jubilación, asegurando que siempre estás preparado para el futuro.

Mejora del Bienestar Financiero:

Un mayor conocimiento financiero contribuye a una mejor gestión del dinero, lo que a su vez reduce el estrés y la ansiedad relacionados con las finanzas. Una comprensión sólida de cómo funciona el dinero te proporciona una sensación de control y confianza en tu capacidad para manejar tus finanzas.

Recursos Recomendados para Profundizar tus Conocimientos

Existen numerosos recursos disponibles para ayudarte a continuar tu educación financiera. Aquí tienes algunas recomendaciones que te pueden ser útiles:

Libros sobre Finanzas

"El Inversor Inteligente" de Benjamin Graham:

Considerado un clásico de la inversión, este libro ofrece una visión profunda sobre la filosofía de la inversión en valor y proporciona consejos prácticos para los inversores a largo plazo.

"Padre Rico, Padre Pobre" de Robert Kiyosaki:

Este libro desafía las creencias tradicionales sobre el dinero y la inversión, y ofrece lecciones sobre cómo hacer que el dinero trabaje para ti.

"Un Paseo Aleatorio por Wall Street" de Burton G. Malkiel:

Este libro explica cómo funcionan los mercados financieros y ofrece estrategias prácticas para inversores de todos los niveles.

Cursos en Línea

Coursera:

Coursera ofrece una variedad de cursos sobre finanzas personales, inversiones y economía. Algunos cursos recomendados incluyen "Introducción a las Finanzas" de la Universidad de Michigan y "Finanzas Personales" de la Universidad de Illinois.

Udemy:

Udemy tiene numerosos cursos sobre temas financieros, desde la inversión en la bolsa hasta la gestión de deudas. Busca cursos altamente valorados y con buenos comentarios de estudiantes anteriores.

Khan Academy:

Khan Academy ofrece lecciones gratuitas sobre finanzas personales y economía. Su plataforma es fácil de usar y es ideal para aquellos que prefieren aprender a su propio ritmo.

Podcasts

"The Dave Ramsey Show":

Este podcast ofrece consejos prácticos sobre cómo salir de deudas, ahorrar dinero y planificar para el futuro.

"BiggerPockets Money":

Enfocado en la inversión en bienes raíces y la construcción de riqueza, este podcast ofrece entrevistas con expertos y consejos prácticos para inversores.

"The Motley Fool":

Este podcast proporciona análisis de mercado, consejos de inversión y noticias financieras, ayudando a los oyentes a tomar decisiones informadas sobre sus finanzas.

Blogs y Sitios Web

Investopedia:

Investopedia es una excelente fuente de información sobre términos financieros, estrategias de inversión y noticias de mercado. Su contenido es accesible y está diseñado para inversores de todos los niveles.

NerdWallet:

NerdWallet ofrece consejos sobre una variedad de temas financieros, incluyendo tarjetas de crédito, hipotecas, inversiones y planificación financiera.

The Balance:

The Balance proporciona artículos y guías sobre finanzas personales, inversiones, y economía. Su contenido es fácil de entender y está diseñado para ayudar a los lectores a tomar decisiones informadas.

Asesores Financieros

Consultores Financieros:

Un asesor financiero puede ofrecerte asesoramiento personalizado basado en tus objetivos y situación financiera. Considera buscar un asesor certificado (CFP) para asegurarte de que estás recibiendo consejos de calidad.

Robo-Advisors:

Los robo-advisors, como Betterment y Wealthfront, utilizan algoritmos para gestionar tus inversiones. Son una opción accesible para aquellos que prefieren una gestión de inversiones automatizada con bajas comisiones.

Seminarios y Talleres

Seminarios en Línea:

Muchos expertos financieros y organizaciones ofrecen seminarios web sobre diversos temas financieros. Participar en estos eventos puede proporcionarte conocimientos actualizados y la oportunidad de hacer preguntas en tiempo real.

Talleres Locales:

Muchas comunidades y bibliotecas locales organizan talleres sobre finanzas personales. Estos eventos suelen ser gratuitos y ofrecen una excelente oportunidad para aprender y conectar con otros interesados en mejorar su educación financiera.

Conclusión del Capítulo

La educación financiera continua es esencial para mantener y mejorar tu bienestar económico. Mantenerte informado y actualizado sobre las nuevas tendencias, herramientas y estrategias financieras te permitirá tomar decisiones más informadas y maximizar tus oportunidades de éxito. Recuerda que la educación financiera es un proceso continuo y que siempre hay algo nuevo que aprender.

Este capítulo te ha proporcionado las razones por las cuales es importante seguir aprendiendo sobre finanzas y te ha recomendado recursos útiles para profundizar tus conocimientos. A medida que continúes avanzando en tu camino financiero, sigue explorando nuevos recursos y adquiriendo conocimientos para optimizar tus finanzas y alcanzar tus metas económicas.

Mantén la motivación y la curiosidad, y recuerda que cada pequeño esfuerzo cuenta. Con dedicación y compromiso, puedes construir una base sólida de conocimiento financiero que te permitirá prosperar y alcanzar una vida financiera más próspera y segura.

"Las historias de éxito e inspiración nos muestran que, con determinación y estrategias adecuadas, es posible transformar nuestras finanzas y alcanzar nuestros sueños."

Capítulo 13: Historias de Éxito e Inspiración

Las historias de éxito e inspiración pueden ser una poderosa fuente de motivación y guía en tu camino hacia la libertad financiera. Conocer los testimonios de personas que han transformado sus finanzas te muestra que es posible superar obstáculos y alcanzar metas financieras. En este capítulo, compartiré algunas historias inspiradoras y las lecciones que podemos aprender de sus experiencias.

Testimonios de Personas que Han Transformado sus Finanzas

Historia 1: La Transformación de Ana

Ana, una madre soltera de dos hijos, se encontraba en una situación financiera difícil. Sus deudas acumulaban más de $20,000 y apenas podía cubrir sus gastos mensuales. Decidió que era hora de tomar el control de sus finanzas y comenzó a buscar maneras de mejorar su situación.

Estrategias Utilizadas:

Presupuesto Estricto: Ana creó un presupuesto detallado para rastrear cada dólar que ganaba y gastaba. Esto le permitió identificar áreas donde podía reducir gastos.

Eliminación de Deudas: Utilizó el método de la bola de nieve para pagar sus deudas, comenzando por las más pequeñas. Cada vez que pagaba una deuda, dirigía esos fondos hacia la siguiente.

Ingresos Adicionales: Ana encontró un trabajo a tiempo parcial y comenzó a vender productos hechos a mano en línea para generar ingresos adicionales.

Resultados:

En dos años, Ana pagó todas sus deudas y comenzó a ahorrar para el futuro de sus hijos. Su determinación y disciplina transformaron su situación financiera y le proporcionaron una base sólida para el futuro.

Lecciones Aprendidas:

Disciplina y Consistencia: Mantener un presupuesto y adherirse a un plan de pago de deudas requiere disciplina. Ana mostró que la consistencia es clave para alcanzar tus metas financieras.

Buscar Ingresos Adicionales: Aumentar tus ingresos puede acelerar tu progreso financiero. Explorar trabajos secundarios o emprendimientos puede proporcionar los fondos adicionales necesarios para salir de deudas más rápidamente.

Historia 2: El Éxito Inversor de Carlos

Carlos, un joven profesional de 30 años, siempre tuvo un interés en las finanzas pero nunca había tomado medidas concretas para invertir. Un seminario sobre educación financiera lo inspiró a comenzar a invertir para su futuro.

Estrategias Utilizadas:

- Educación Financiera: Carlos dedicó tiempo a leer libros sobre inversiones y a tomar cursos en línea para mejorar su conocimiento financiero.
- Inversión Regular: Comenzó a invertir una parte de su salario cada mes en fondos indexados y ETFs. Utilizó la estrategia de dólar-cost averaging para reducir el impacto de la volatilidad del mercado.
- Diversificación: Carlos diversificó su portafolio invirtiendo en diferentes clases de activos y sectores para minimizar el riesgo.

Resultados:

Después de cinco años, Carlos vio un crecimiento significativo en su portafolio de inversiones. Su enfoque disciplinado y su continua educación financiera le permitieron construir una base sólida para su futuro financiero.

Lecciones Aprendidas:

Importancia de la Educación: La educación financiera es crucial para tomar decisiones informadas y exitosas. Carlos demostró que invertir tiempo en aprender sobre finanzas puede tener un gran retorno.

Consistencia en la Inversión: Invertir regularmente, independientemente de las condiciones del mercado, puede conducir a un crecimiento sustancial del capital a largo plazo.

Historia 3: La Aventura Empresarial de Luisa

Luisa siempre soñó con ser su propia jefa, pero temía dejar su trabajo seguro. Después de asistir a un taller de emprendimiento, decidió seguir su pasión por la cocina y abrir su propio negocio de catering.

Estrategias Utilizadas:

Planificación Cuidadosa: Luisa creó un plan de negocios detallado y realizó un análisis de mercado para asegurarse de que había demanda para sus servicios.

Control de Costos: Mantuvo los costos bajos al comenzar desde casa y reinvirtió las ganancias en su negocio.

Red de Apoyo: Luisa se rodeó de mentores y otros empresarios que la apoyaron y le proporcionaron consejos valiosos.

Resultados:

En tres años, Luisa expandió su negocio y abrió una pequeña tienda. Su negocio de catering se convirtió en una fuente estable de ingresos y le permitió alcanzar su sueño de ser una empresaria exitosa.

Lecciones Aprendidas:

- Planificación y Preparación: Un buen plan de negocios y un análisis de mercado son esenciales para el éxito de cualquier emprendimiento.

- O Control de Costos: Mantener los costos bajos al principio puede ayudarte a establecerte y a crecer de manera sostenible.

Historia 4: La Recuperación Financiera de Juan y Marta

Juan y Marta, una pareja de mediana edad, enfrentaron una crisis financiera después de que Juan perdió su empleo. Con deudas crecientes y la presión de mantener a su familia, decidieron tomar medidas drásticas para recuperar su estabilidad financiera.

Estrategias Utilizadas:

- O Reducción de Gastos: La pareja recortó gastos innecesarios, vendió su automóvil de lujo y redujo su estilo de vida.
- O Renegociación de Deudas: Contactaron a sus acreedores y lograron negociar tasas de interés más bajas y planes de pago más manejables.
- O Nuevas Fuentes de Ingresos: Juan tomó trabajos temporales mientras Marta empezó a ofrecer clases particulares para generar ingresos adicionales.

Resultados:

En cinco años, Juan y Marta lograron pagar la mayoría de sus deudas y comenzaron a ahorrar nuevamente. La experiencia los hizo más conscientes de la importancia de la gestión financiera y la planificación.

Lecciones Aprendidas:

- Flexibilidad y Adaptabilidad: Estar dispuesto a hacer cambios significativos en tu estilo de vida puede ser crucial en tiempos de crisis.
- Comunicación y Trabajo en Equipo: Trabajar juntos como pareja y apoyarse mutuamente fue fundamental para superar su crisis financiera.

Historia 5: El Cambio de Mentalidad de Elena

Elena siempre tuvo una relación complicada con el dinero, viendo el ahorro como una restricción en lugar de una oportunidad. Después de asistir a un seminario sobre mentalidad financiera, decidió cambiar su enfoque hacia el dinero.

Estrategias Utilizadas:

O Cambio de Mentalidad: Comenzó a ver el ahorro como una forma de libertad y no como una limitación.

O Automatización del Ahorro: Configuró transferencias automáticas a su cuenta de ahorros cada mes para asegurar que ahorrara regularmente.

O Metas Claras: Estableció metas financieras específicas, como ahorrar para unas vacaciones y un fondo de emergencia.

Resultados:

En dos años, Elena no solo alcanzó sus metas de ahorro, sino que también desarrolló una actitud positiva hacia el dinero. Esto la llevó a tomar decisiones financieras más saludables y a sentirse más segura financieramente.

Lecciones Aprendidas:

Poder de la Mentalidad: Cambiar la forma en que piensas sobre el dinero puede transformar tu situación financiera.

O Automatización y Metas: Automatizar el ahorro y

establecer metas claras pueden facilitar el logro de tus objetivos financieros.

Conclusión del Capítulo

Las historias de éxito e inspiración de Ana, Carlos, Luisa, Juan, Marta y Elena muestran que es posible transformar tu situación financiera, sin importar cuán desalentadora parezca. Cada uno de ellos enfrentó desafíos únicos y utilizó estrategias específicas para superar sus dificultades y alcanzar sus metas financieras. Las lecciones aprendidas de sus experiencias pueden servir como guía y motivación en tu propio camino hacia la libertad financiera.

Este capítulo te ha proporcionado testimonios inspiradores y las lecciones clave que podemos aprender de ellos. A medida que continúes avanzando en tu proceso financiero, recuerda que la perseverancia, la educación y una mentalidad positiva son esenciales para el éxito. Mantén la motivación y aplica las estrategias que mejor se adapten a tu situación, y estarás bien encaminado hacia una vida financiera más próspera y segura.

Capítulo 14: Recursos Adicionales y Herramientas Prácticas

A lo largo de este libro, hemos explorado diversas estrategias y técnicas para optimizar tus finanzas personales. En este capítulo final, te proporcionaremos recursos adicionales y herramientas prácticas que te ayudarán a implementar lo que has aprendido. Estas herramientas incluyen hojas de trabajo, listas de verificación y plantillas para el presupuesto y el ahorro. Utilízalas para mantenerte organizado, enfocado y en el camino hacia tus metas financieras.

Hojas de Trabajo y Listas de Verificación

Las hojas de trabajo y las listas de verificación son herramientas útiles para gestionar tus finanzas diarias y planificar para el futuro. A continuación, se presentan algunas hojas de trabajo y listas de verificación que puedes utilizar:

Hoja de Trabajo para el Presupuesto Mensual

Esta hoja de trabajo te ayudará a crear y mantener un presupuesto mensual detallado.

Ingresos:

- Salario neto
- Ingresos por inversiones
- Otros ingresos

Total de Ingresos:

Gastos Fijos:

- Alquiler/hipoteca
- Servicios públicos (electricidad, agua, gas)
- Internet y teléfono
- Seguro (salud, automóvil, vivienda)
- Pago del automóvil

Total de Gastos Fijos:

Gastos Variables:

- Alimentos

- ○ Transporte
- ○ Entretenimiento
- ○ Ropa
- ○ Otros gastos

Total de Gastos Variables:

Ahorros e Inversiones:

- ○ Ahorros para emergencias
- ○ Ahorros para metas específicas

Inversiones

Total de Ahorros e Inversiones:

Balance:

Total de Ingresos - (Total de Gastos Fijos + Total de Gastos Variables + Total de Ahorros e Inversiones)

Lista de Verificación para la Planificación Financiera

Utiliza esta lista de verificación para asegurarte de que estás cubriendo todos los aspectos importantes de tu planificación financiera.

Presupuesto:

- ¿Tienes un presupuesto mensual detallado?
- ¿Revisas y ajustas tu presupuesto regularmente?

Ahorros:

- ¿Tienes un fondo de emergencia que cubra entre tres y seis meses de gastos?
- ¿Estás ahorrando regularmente para tus metas a corto y largo plazo?

Deudas:

- ¿Tienes un plan para pagar tus deudas?
- ¿Estás haciendo pagos adicionales para reducir tus deudas más rápidamente?

Inversiones:

O ¿Estás invirtiendo regularmente en una cartera diversificada?

O ¿Revisas y ajustas tus inversiones periódicamente?

Seguros:

O ¿Tienes la cobertura de seguro adecuada (salud, vida, automóvil, vivienda)?

O ¿Revisas tus pólizas de seguro regularmente?

Planificación de la Jubilación:

O ¿Estás contribuyendo a un plan de jubilación (401(k), IRA, etc.)?

O ¿Tienes una estimación de cuánto necesitas ahorrar para la jubilación?

Documentos Financieros:

O ¿Tienes todos tus documentos financieros importantes organizados y accesibles?

○ ¿Has revisado y actualizado tu testamento y otros documentos legales?

Plantillas para el Presupuesto y el Ahorro

A continuación, te proporcionamos algunas plantillas que puedes utilizar para mantener tus finanzas en orden y asegurarte de que estás ahorrando de manera efectiva.

○ Plantilla de Presupuesto Mensual

Categoría	Presupuesto	Gasto Real	Diferencia
Ingresos Totales	$	$	$
Gastos Fijos			
- Alquiler/Hipoteca	$	$	$
- Servicios Públicos	$	$	$
- Internet y Teléfono	$	$	$
- Seguro	$	$	$
- Pago del Automóvil	$	$	$
Total Gastos Fijos	$	$	$
Gastos Variables			
- Alimentos	$	$	$
- Transporte	$	$	$
- Entretenimiento	$	$	$

- Ropa	$	$	$
- Otros	$	$	$
Total Gastos Variables	$	$	$
Ahorros e Inversiones			
- Fondo de Emergencia	$	$	$
- Metas Específicas	$	$	$
- Inversiones	$	$	$
Total Ahorros e Inv.	$	$	$
Balance Final	$	$	$

Plantilla de Ahorro para Metas Específicas

Meta de Ahorro	Monto Objetivo	Monto Ahorrado	Fecha Objetivo	Progreso (%)
Fondo de Emergencia	$	$		%
Vacaciones	$	$		%
Compra de Automóvil	$	$		%
Educación de los Hijos	$	$		%
Renovación del Hogar	$	$		%

Plantilla de Seguimiento de Inversiones

Tipo de Inversión	Valor Inicial	Valor Actual	Rendimiento (%)	Comentarios
Acciones	$	$	%	
Bonos	$	$	%	

Fondos Mutuos	$	$	%	
Bienes Raíces	$	$	%	
Otros	$	$	%	

Cómo Utilizar Estas Herramientas

Consistencia:

Utiliza estas herramientas regularmente para mantenerte organizado y enfocado en tus metas financieras. La consistencia es clave para el éxito a largo plazo.

Revisión y Ajuste:

Revisa y ajusta tus hojas de trabajo, listas de verificación y plantillas según sea necesario. A medida que cambian tus circunstancias y metas financieras, es importante que tus herramientas reflejen estos cambios.

Automatización:

Siempre que sea posible, automatiza tus procesos financieros. Configura transferencias automáticas para tus ahorros, pagos automáticos para tus facturas y utiliza aplicaciones de finanzas personales para rastrear tus gastos.

Educación Continua:

Sigue aprendiendo sobre finanzas personales e inversiones. Mantente actualizado sobre las nuevas herramientas y estrategias que pueden ayudarte a optimizar tus finanzas. La educación continua es fundamental para el éxito financiero a largo plazo.

Evaluación Regular:

Dedica tiempo cada mes para evaluar tu progreso financiero. Revisa tus presupuestos, ahorros, inversiones y metas para asegurarte de que estás en el camino correcto. Identifica áreas donde puedes mejorar y ajusta tus estrategias en consecuencia.

Conclusión del Capítulo

Las herramientas prácticas y recursos adicionales presentados en este capítulo están diseñados para ayudarte a implementar las estrategias financieras que has aprendido a lo largo de este libro. Mantener tus finanzas organizadas y bien gestionadas es esencial para alcanzar tus metas financieras y asegurar un futuro económico estable y próspero.

Recuerda que la clave para el éxito financiero es la consistencia, la revisión regular y la educación continua. Utiliza estas herramientas para mantenerte en el camino correcto y para seguir avanzando hacia tus objetivos financieros.

Este capítulo te ha proporcionado las herramientas y recursos necesarios para gestionar tus finanzas de manera efectiva. A medida que continúes aplicando estos conocimientos, estarás bien encaminado hacia una vida financiera más próspera y segura.

Conclusión: Avanzando Hacia la Libertad Financiera

Resumen de los Puntos Clave

A lo largo de este libro, hemos explorado una amplia gama de estrategias y técnicas para optimizar tus finanzas personales, desde la creación de un presupuesto efectivo hasta la inversión y la planificación a largo plazo. A continuación, se presenta un resumen de los puntos clave que hemos cubierto, así como la motivación para seguir adelante en tu camino hacia la libertad financiera.

Evaluación de tu Situación Financiera

El primer paso para mejorar tus finanzas es entender tu punto de partida. Realizar una auditoría financiera personal te permite conocer tu patrimonio neto, tus ingresos y tus gastos. Identificar estas áreas clave te proporciona una base sólida sobre la cual construir tu plan financiero.

Puntos Clave:

O Auditoría Financiera: Reúne toda tu información financiera, lista tus activos y pasivos, y calcula tu patrimonio neto.

O Análisis de Ingresos y Gastos: Identifica tus fuentes de ingresos y lleva un registro detallado de tus gastos para entender tus hábitos financieros.

Establecimiento de Metas Financieras Claras

Tener metas financieras claras te proporciona dirección y propósito. Establecer metas SMART (específicas, medibles, alcanzables, relevantes y con tiempo determinado) te ayuda a mantener el enfoque y a medir tu progreso.

Puntos Clave:

Definición de Metas: Identifica tus objetivos financieros a corto, mediano y largo plazo.

Priorización de Metas: Clasifica tus metas en función de su urgencia e impacto y crea un plan de acción para alcanzarlas.

Creación de un Presupuesto Efectivo

Un presupuesto es una herramienta fundamental para gestionar tus finanzas. Te ayuda a controlar tus gastos, ahorrar más y asegurarte de que estás en camino hacia tus metas financieras.

Puntos Clave:

Fundamentos del Presupuesto: Conoce tus ingresos y gastos, establece prioridades y ajusta tu presupuesto regularmente.

Herramientas de Presupuesto: Utiliza aplicaciones y hojas de cálculo para llevar un registro detallado de tu presupuesto mensual.

Estrategias de Ahorro Inteligentes

Ahorrar dinero sin sacrificar tu calidad de vida es posible mediante la implementación de técnicas y hábitos diarios que fomenten el ahorro.

Puntos Clave:

Reducción de Gastos: Planifica tus compras, aprovecha descuentos y revisa tus suscripciones.

Hábitos de Ahorro: Lleva un registro de gastos, evita compras impulsivas y practica el minimalismo.

Construcción de un Fondo de Emergencia

Un fondo de emergencia te proporciona una red de seguridad financiera en caso de imprevistos. Establecer y mantener este fondo es crucial para tu estabilidad financiera.

Puntos Clave:

Importancia del Fondo de Emergencia: Protege contra imprevistos, reduce el estrés financiero y previene deudas.

Construcción del Fondo: Determina el monto necesario, abre una cuenta separada y automatiza tus ahorros.

Eliminación y Evitación de Deudas

Manejar y eliminar tus deudas es esencial para alcanzar la libertad financiera. Implementar estrategias efectivas para pagar deudas rápidamente y evitar caer en ciclos de endeudamiento es clave.

Puntos Clave:

Pago de Deudas: Utiliza métodos como la bola de nieve o la avalancha y haz pagos adicionales siempre que sea posible.

Evitar Deudas Futuras: Mantén un fondo de emergencia, crea un presupuesto y usa el crédito con responsabilidad.

Introducción a las Inversiones

Invertir es una herramienta poderosa para hacer crecer tu dinero. Comprender los principios básicos de la inversión y explorar diferentes tipos de inversiones te ayuda a tomar decisiones informadas.

Puntos Clave:

Principios Básicos: Diversificación, riesgo y retorno, horizonte temporal e interés compuesto.

Tipos de Inversiones: Acciones, bonos, fondos mutuos, ETFs y bienes raíces.

Inversiones para Principiantes

Comenzar a invertir puede parecer intimidante, pero con los pasos adecuados y las herramientas correctas, cualquier persona puede hacerlo.

Puntos Clave:

Cómo Empezar: Define tus objetivos, crea un fondo de emergencia, conoce tu tolerancia al riesgo y elige una plataforma de inversión.

Herramientas y Recursos: Aplicaciones de inversión, simuladores, cursos en línea y asesores robo.

Maximizar el Retorno de tus Inversiones

Adoptar estrategias avanzadas y diversificar tu portafolio puede ayudarte a mejorar significativamente tus rendimientos de inversión.

Puntos Clave:

Estrategias Avanzadas: Inversión en dividendos, fondos de cobertura, inversiones internacionales y bienes raíces comerciales.

Diversificación: Distribuir tus inversiones entre diferentes clases de activos, sectores y geografías.

Hábitos Financieros Saludables

Adoptar hábitos financieros saludables y desarrollar una mentalidad de riqueza son esenciales para mantener tus finanzas en orden y alcanzar tus metas.

Puntos Clave:

Rutinas Financieras: Registra tus gastos, revisa tus cuentas bancarias y evita gastos impulsivos.

Mentalidad de Riqueza: Cambia tu perspectiva sobre el dinero, invierte en educación financiera y celebra tus logros.

Planificación para el Futuro

Ahorrar para la jubilación y crear un plan financiero sólido son pasos esenciales para asegurar tu bienestar financiero a largo plazo.

Puntos Clave:

Ahorro para la Jubilación: Comienza temprano, aprovecha los planes patrocinados por el empleador y diversifica tus inversiones.

Planificación Financiera a Largo Plazo: Establece metas claras, gestiona tus deudas, protege tu patrimonio y revisa tu plan regularmente.

Educación Financiera Continua

La educación financiera continua es crucial para mantener y mejorar tu bienestar económico. Mantenerte actualizado sobre las nuevas tendencias, herramientas y estrategias financieras es fundamental para el éxito a largo plazo.

Puntos Clave:

Importancia de la Educación Financiera: Adaptarse a los cambios del mercado, mejorar la toma de decisiones y prevenir fraudes.

Recursos Recomendados: Libros, cursos en línea, podcasts, blogs, asesores financieros y seminarios.

Historias de Éxito e Inspiración

Conocer testimonios de personas que han transformado sus finanzas proporciona motivación y muestra que es posible superar obstáculos y alcanzar metas financieras.

Puntos Clave:

Historias Inspiradoras: Ejemplos de personas que han pagado deudas, empezado a invertir, emprendido negocios y cambiado su mentalidad financiera.

Lecciones Aprendidas: Disciplina, educación financiera, consistencia y adaptabilidad son esenciales para el éxito financiero.

Motivación para Seguir Adelante

Avanzar hacia la libertad financiera es un proceso continuo que requiere dedicación, disciplina y la disposición para aprender y adaptarse. Aquí tienes algunas motivaciones para seguir adelante:

Visualiza tu Futuro:

Imagínate alcanzando tus metas financieras y disfrutando de la seguridad y libertad que conlleva. Mantén esta visión en mente para mantenerte motivado.

Celebra tus Logros:

Reconoce y celebra cada hito que alcances en tu camino financiero. Celebrar tus éxitos te proporciona una sensación de logro y te motiva a seguir adelante.

Busca Apoyo:

Rodéate de personas que compartan tus objetivos financieros y que te apoyen en tu proceso. Participa en comunidades de finanzas personales y busca mentores que puedan ofrecerte orientación y motivación.

Aprende de los Desafíos:

Enfrentar desafíos es parte del proceso. Aprende de cada obstáculo y usa esas experiencias para fortalecer tu determinación y mejorar tus estrategias.

Mantén una Mentalidad Positiva:

Cultivar una actitud positiva hacia el dinero y las finanzas es crucial. La positividad te ayuda a mantener la perspectiva y a enfocarte en las oportunidades en lugar de los obstáculos.

Revisa y Ajusta Regularmente:

Revisa tu progreso regularmente y ajusta tus planes según sea necesario. Mantente flexible y dispuesto a adaptar tus estrategias a medida que cambian tus circunstancias y metas.

Conclusión Final

A lo largo de este libro, has aprendido a evaluar tu situación financiera, establecer metas claras, crear un presupuesto efectivo, implementar estrategias de ahorro, invertir de manera inteligente y planificar para el futuro. La clave del éxito financiero es la consistencia, la educación continua y la disposición para adaptarse a nuevas circunstancias.

Recuerda que la libertad financiera no es un destino, sino un proceso continuo. Mantén la motivación, celebra tus logros y sigue aprendiendo. Con dedicación y compromiso, puedes construir una vida financiera próspera y segura.

Este capítulo concluye nuestro camino juntos, pero tu camino hacia la libertad financiera continúa. Aplica lo que has aprendido, sigue explorando nuevas oportunidades y siempre mantén la visión de un futuro financiero brillante y seguro.

Muchas Gracias.

Espero que estés disfrutando de tu lectura. Si te ha gustando el libro, me encantaría escuchar tu opinión. Tu reseña no solo ayudaría a otros lectores a descubrir este libro, sino que también sería increíblemente valiosa para mí. Cada reseña cuenta y realmente hace una gran diferencia.

Cuando termines, por favor, considera tomarte un momento para dejar una reseña en Amazon.

¡Gracias por tu apoyo y por ser parte de la comunidad de lectores!

www.ingramcontent.com/pod-product-compliance
Lightning Source LLC
Chambersburg PA
CBHW020655220526
45464CB00001B/439